MIGUEL DELIBES

UN DEPORTE
DE
CABALLEROS

ILUSTRACIONES ARNAL BALLESTER

MIGUEL DELIBES

UN DEPORTE DE DE CABALLEROS

PEQUEÑO DELFÍN

Diseño de la colección: Ramon Herreros

© Miguel Delibes, 1989
© Ediciones Destino, S.A., 1989
Consell de Cent, 425. 08009 Barcelona
Primera edición: enero 1993
ISBN: 84-233-2271-8
Depósito legal: B. 769-1993
Impreso por Talleres Gráficos Duplex, S.A.
Ciudad de Asunción, 26-D. 08030 Barcelona
Impreso en España - Printed in Spain

ÍNDICE

UN DEPORTE
DE CABALLEROS

Hay quien llega al tenis desde el ping-pong y le falta mango y hay quien llega al ping-pong desde el tenis y le sobra brazo. Empezar simultáneamente con ambas actividades es un error. Por la mañana uno tiene el brazo más corto que por la tarde, o a la inversa, y esto resulta desconcertante. Yo he sido un Guadiana en esto del tenis. Empecé a practicarlo de niño, a los trece años, y no se me daba mal. Jugué poco intensamente dos veranos consecutivos, y ya no volví a coger la raqueta hasta cumplidos los cincuenta. Tampoco en esta segunda etapa fui constante, jugué apenas tres primaveras y, de nuevo, lo dejé hasta los sesenta y cuatro, edad provecta, apropiada para jugar dobles con un compañero joven y olvidarse uno de los *singles*. En conjunto no habré jugado al tenis más allá de un *set* por semana durante ocho o diez años de mi vida, con la particularidad de que cuando más fuerte me ha dado ha sido a la edad en que los tenistas aficionados suelen dejarlo.

Por medio, entre los cuarenta y los cincuenta y cinco años, me divirtió el ping-pong. Instalamos una mesa en Sedano y los veranos jugábamos con ahínco diariamente. Con

11

la familia Echeverría, que era larga como la nuestra, organizábamos campeonatos muy caldeados, de los que surgieron grandes ases, como el pobre Juan José, prematuramente fallecido, su hija Loli y mis chicos, Miguel y Germán, que competían ardorosamente con aquéllos. Tanto Juan José, como Loli y mi hijo Miguel, eran jugadores en corto (entre otras cosas porque el habitáculo donde la mesa estaba instalada no daba para más), de recortes y efectos, mientras mi hijo Germán, como luego lo fueron Juan y mi yerno Luis, eran especialistas en juego largo, de mates rasantes, electrizados y brillantes. El *tenisín*, como debería llamarse al ping-pong, es un juego distraído, pero no deja de ser un *fulbito*, es decir, un sucedáneo, un deporte de habilidad, irrelevante como ejercicio físico. Yo, que comencé maduro, nunca llegué a dominarlo del todo, si bien, entre jugadores vulgares, podía causar cierto efecto. Ahora recuerdo dos éxitos, un campeonato que disputamos un verano los periodistas en Monte Corbán (Santander) cuya final me parece que le gané a mi amigo, el granadino Pepe Corral Maurell (a lo mejor me la ganó él a mí, pero es lo mismo) y mi solemne proclamación como subcampeón de tenis de mesa en el trasatlántico *Constitution* en 1964, camino de Nueva York. Fue divertido porque este torneo lo jugué medio mareado pero paradójicamente fue esta contrariedad y el balanceo del barco lo que me permitieron ganar la copa. Quiero decir que yo actué decidido, soltando el brazo, sin mis habituales reservas, deseando acabar pronto, pero la suerte quiso que los maretazos fuesen a levantar el tablero por donde a mí me convenía, de tal forma que no perdía comba y la concurrencia se hacía lenguas de mi precisión. Al finalizar, ante las eufóricas copas de *champagne,* y en un clima de confianza, mi rival italiano en las semifinales me preguntó si era cierto que yo era jugador profesional en mi país. Fue tanto mi estupor que le hice repetir la pregunta hasta tres veces y, a la tercera, se me cayó la copa de la mano y hubo que recurrir al lampazo para baldear un trozo de cubierta, y evitar accidentes debido a los vidrios rotos. ¡Así se escribe la historia!

Lo cierto es que yo jugaba al ping-pong para sustituir al tenis, por falta de canchas y por la complicación de los desplazamientos. Pero llegó un momento, quizá en la primavera del sesenta y siete, en que me vi en la necesidad de desfogarme de otras contrariedades, y como mi amigo José Luis Pérez Pellón experimentase esta necesidad al mismo tiempo que yo, acordamos hacernos socios de la Real Sociedad Deportiva y jugar un par de *sets* muy de mañana, antes de iniciar el trabajo cotidiano. Recuerdo que José Luis, que tenía el caro vicio de los coches despampanantes (a pesar de ser padre de familia numerosa), había comprado un Jaguar descapotable y cada mañana me esperaba con él, a las ocho, a la puerta de mi casa. Yo bajaba con mi atuendo apropiado, depositaba las raquetas y los tubos de las pelotas sobre la capota plegada y salíamos a cien por hora Paseo de Zorrilla adelante, entre la alarma y la envidia de los viandantes. Nuestra imagen juvenil y pinturera a bordo del Jaguar descapotable, más propia de Niza que de la Meseta, volvía a llamar la atención de los transeúntes una hora más tarde, a nuestro regreso, ya desfogados. Despreocupado del que dirán y de las habladurías propias de una pequeña capital de provincia, mi mujer me sorprendió un día al referirme su conversación con una vecina. Parece ser que aquella señora tenía de mí un concepto que no casaba con mi uniforme deportivo, las raquetas sobre la capota abatida y el Jaguar descapotable.

—¿Es que le ha pasado algo a tu marido?

—¿A qué te refieres?

—Bueno, en realidad, ni siquiera estoy segura de que sea él, pero cada mañana, al ir a misa, veo pasar a un tipo en un Jaguar descapotable que se le parece mucho.

—Es mi marido, claro. Ahora le ha dado por jugar al tenis.

—¡Qué gracia! No le pegaba nada.

Reservaba la contundencia de su juicio para ocasión más propicia, pero lo cierto es que para un sector de la ciudad, que me consideraba un hombre austero, antifrívolo, morigerado y circunspecto, supuso una extravagancia verme, con la raqueta en la trasera, en un Jaguar descapotable, a cien kilómetros a la hora. Por entonces, en España se tenía un concepto muy limitado del deporte; entre hombres sólo contaba el fútbol, y al que intentaba jugar a otra cosa se le consideraba un *snob* o un afeminado. Mas si lo que jugaba era tenis y para desplazarse a la cancha utilizaba un Jaguar descubierto, entonces aquel tal no era más que un *play boy* despreciable que se había equivocado de medio a medio. En los años sesenta, aun en sus postrimerías, no valían de nada las explicaciones. Lo que contaba era la imagen. Y mi imagen, por culpa del Jaguar, se deterioró mucho en aquellas tres primaveras que duró la experiencia. Y el caso es que mi compañero de juego, José Luis Pérez Pellón, era un trabajador concienzudo, de vida ordenada, poco dado a la proyección social, pero su comprensible debilidad por los cochazos descapotables prevaleció sobre todo lo demás. Él y yo éramos unos *play boys* que sólo nos preocupábamos de lucirnos y de jugar al tenis mientras los demás trabajaban. El cambio que yo había dado era lo último que podían esperar de mí algunos convecinos.

En rigor, lo que yo pretendía a finales de los sesenta era, como ya he dicho antes, desfogarme de ciertas contrariedades y comprobar si mis pinitos de los años treinta habían servido para algo. Pero, de momento, la teoría tenística volvió a desconcertarme. Ya de chico me resistía a admitir algunas cosas en este deporte que entonces se calificaba *de caballeros*. Siempre he sido hombre de sentido común y, de niño, además, muy testarudo. Por eso rechazaba de entrada la manera tan peregrina de contar los tantos en el tenis. Me parecía escandaloso que un tanto valiera quince pero, una vez admitido esto, yo no podía aceptar que el tercero, aunque fuese más meritorio, valiera solamente diez. Es decir, el 15-30-40-juego carecía de sentido para mí. ¿Por qué 40 y no 45? Y ¿por qué 15 y no 1? Lo razonable me parecía que el tanteo fuera 1-2-3-juego, pero aceptado el artificio del 15-30 ¿a qué ton el capricho del 40?

—¿No es absurdo todo esto?

—Mira, absurdo o no, así está establecido.

—Y ¿quién lo ha establecido?

—El que lo inventó. De modo que ya lo sabes: Lo coges o lo dejas.

Jugaba a regañadientes y cantaba manifiestamente disgustado las cifras del tanteo.

—Treinta-cuarenta —decía con retintín—. Ya ves tú qué bobada.

—Y ¿qué?; lo mismo te da.

—Pues no me da lo mismo. Supongo que este rompecabezas tendrá algún sentido, pero a mí no se me alcanza.

—¿Por qué no escribes a los ingleses?

Uno, desde niño, ha tenido un concepto bastante plebeyo de sí mismo por lo que aquel barniz aristocrático de la jerga tenística, al margen de las veleidades del tanteo, no dejaba de impresionarle. El tenis era, en realidad, un deporte para caballeros. Uno estaba acostumbrado a sacar cuezo cuando jugaba a las canicas o a tirar una falta, si jugaba al fútbol, en el momento en que el guardameta estaba más distraído, por eso le impresionaba más aquel *play* condescendiente del jugador que sacaba la bola y más aún que se abstuviese de hacerlo en tanto su contrincante no respondiese *ready*. Mas entre chicos españoles y en 1934 los buenos modales y los vocablos ingleses duraban poco.

—Te he preguntado *play*.

—Pues no lo he oído. Saca otra vez, y si no te da la gana lo dejamos.

En España, hasta el tenis dejaba de ser un deporte entre caballeros en aquella época. Y el caso es que mientras la sangre no se calentase, uno se refocilaba con aquella terminología inglesa que parecía que le vestía de etiqueta, que le transformaba en un *sir* por el mero hecho de utilizarla. De este modo yo procuraba olvidarme del absurdo del tanteo y voceaba *play, ready, out, drive, deuze, net*, con complacencia íntima, utilizando un nasal acento cosmopolita. Por esta razón las tardes en que jugaba al tenis, regresaba a casa como más refinado, más pulido, menos celtibérico.

—Está bueno este consomé.

Mi pobre madre que sabía de mi aborrecimiento hacia aquella reiterada sopa de lluvia me decía con cierta sorna:

—Qué fino vienes hoy. ¿Es que has estado jugando al tenis?

Seguramente por esto no me molestó que el Jaguar descapotable de José Luis se detuviera a la puerta de mi casa treinta y cinco años después. Una segunda naturaleza, que yo tenía normalmente sofocada, se complacía en estos ritos. Tal vez no somos lo que aparentamos; quizá nuestra imagen no sea más que una máscara. Pero, al margen de tales fruslerías, cuando reanudé la práctica de este deporte me di cuenta que no había olvidado la terminología, ni los golpes cortados, ni las dejadas, ni el juego de fondo, ni el salto a la red después de enviar una bola obligada, ni el saque, ni el

resto, ni las normas fundamentales. Se dice de la bicicleta y la natación que son deportes que nunca se olvidan. Yo creo que ningún deporte practicado de niño resulta nuevo para el adulto. Nada de lo aprendido de niño se olvida después, todo se recuera llegada la hora de la reanudación. Por eso, en principio, yo vencía a José Luis, pero José Luis, que era más joven que yo, acabó venciéndome por cuestión de resistencia. Aquellas frescas mañanitas en las canchas de la Deportiva resultaban tonificantes. A veces, mi hijo Miguel llegaba de Madrid, donde estaba estudiando, y se apuntaba a la expedición, al Jaguar y a todo lo demás. Algunas mujeres, muy pocas, acompañaban a sus maridos o a sus novios, pero nunca constituyó problema encontrar pista a tales horas. Un día, José Luis tuvo que salir de viaje y al encontrarnos solos Miguel y yo en el club con otra pareja, Unzu, el navarro, antiguo campeón de pala, y Pérez del Río, el farmacéutico, que tampoco gustaban de los *singles*, acordamos enfrentarnos. El amor propio que siempre he puesto en los juegos ha sido una de las constantes de mi carácter. Unzu y Pérez del Río arrastraban fama de ser una de las parejas más sólidas del tenis vallisoletano y ganarles hubiera sido una proeza. He de empezar por decir que la experiencia tenística de mi hijo Miguel era aún más corta que la mía, pero, a pesar de ser un hombre mesurado, de los que creen de verdad que lo importante es participar, logré transmitirle mi amor propio y la *necesidad* de ganar al campeón navarro de pala y al farmacéutico. Como datos para la historia añadiré que aquel día era sábado y aproximadamente las once de la mañana cuando empezamos el *set*. A la una del mediodía, el tanteador señalaba un 16-15 a nuestro favor y tanto mi hijo como yo, que estábamos dando la réplica a base de tesón y carreras sin medida, mostrábamos un notorio cansancio. Pero las alternativas del marcador, naturalmente siempre mínimas, nos espoleaban, 16-16, 16-17, 17-17, 18-17... Íbamos cantando los juegos con unción, esperando que la mínima diferencia del momento fuera la última, y la victoria nos sonriera en el próximo. Mas el juego siguiente era para el navarro y su compañero y el otro para nosotros, tan equitativamente repartidos que se hizo la hora de comer sin que aquello —25-25— se hubiera resuelto. El sudor nos escurría por los costados y nuestros rostros encendidos presagiaban la apoplejía. Pero cuanto más se prolongaba aquel *set* más ardor poníamos en ganarlo y más lejos estábamos de abandonar. Yo creo que entonces no existía eso de la *muerte súbita* o si existía nos parecía de maricas apelar a tan cómodo expediente. Un recurso así estaba bien para los extranjeros pero no para una pareja de españoles procedentes de la bicicleta y el fútbol. Así es que continuamos. El pelotari navarro y su compañero acusaban asimismo el calor y el cansancio, pero quizá porque les veía a mayor distancia, la red por medio, se me hacía que su agotamiento no alcanzaba los extremos del nuestro. De todos modos, llegaban a las bolas con las rodillas flexionadas, arrastrando las playeras, levantando polvo, y respondían a nuestros débiles pelotazos con pelotazos no más recios, sin preocuparse de la colocación. Para Miguel y para mí, no existía otra aspiración que la de salvar la red con la pelota, sobrepasarla. Todo eso de buscar las esquinas, los mates, las bolas en profundidad, excedía de nuestras facultades. Conservábamos unas reservas físicas tan menguadas que había que administrarlas y llegados al 31-31 yo estaba literalmente derrengado, aunque dispuesto a seguir hasta el 90-90. Pero para cualquier espectador neutral que se hubiera acercado a la cancha (hacía dos horas que el último se había marchado a comer) aquello era un deplorable espectáculo en el que los cuatro contrincantes parecíamos cuatro agonizantes arrastrándonos por las arenas del desierto, a punto de sucumbir. Pero proseguíamos. Haber sugerido entonces la posibilidad de aplazar la pugna hasta la mañana siguiente hubiera sido una claudicación, una prueba de inferioridad física vergonzosa. Jugábamos en sepulcral silencio, las bocas secas, los movimientos automáticos, vacilantes. Miguel boqueaba y yo resollaba como un perro en agosto. Nos comportábamos como un juguete mecánico al que alguien hubiera dado cuerda para su entretenimiento, pero con poca cuerda ya. Finalmente, con el marcador 38-37 y 40-30 a favor del navarro y el farmacéutico, una pelota de *set* me botó tres metros delante, fácil, blanda, a placer, pero cuando acudí a ella con los poquísimos arrestos que conservaba, los pies se me cruzaron, chocó uno con otro, y besé el suelo entre una nube de polvo. Unzu, el navarro, y el boticario corrieron hacia mí, yo pensaba que para auxiliarme, pero cuando el pelotari me vio humillado mordiendo la tierra batida, arrojó la raqueta al aire, levantó los brazos en forma de uve y voceó estentóreamente:

—¡Hemos ganado!

No hay que decir que aquel partido trajo cola. La llegada a casa a las cuatro y media de la tarde, extenuados, sin comer, fue una tribulación. Nadie nos comprendía. En cambio, en los vestuarios de la Sociedad, durante aquella primavera no se habló de otra cosa. Había un muchacho, muy competitivo él, que aseguraba que en los anales del tenis no se conocía un *set* tan largo y que lo iba a brindar para que lo incluyeran en el libro de los récords. Otro, más comedido, prometió escribir a Lily Álvarez preguntándole si conocía un caso semejante. De cualquier manera, entre los tenistas de la ciudad, cuando algo se prolongaba demasiado, empezó a recurrirse a una frase acuñada por entonces:

—Esto es más largo que el *set* de Unzu y Pérez del Río contra los Delibes.

Hace cuatro años, cuando reanudé la práctica del tenis de un modo regular —dos días a la semana—, resolví íntimamente dos cosas: primera, no jugar nunca individuales y, segunda, aceptar como buena la mínima diferencia, o sea ganar o perder por un solo juego —6-5— y si a los ingleses no les gustaba que les diesen tila. De esta manera, uno tiene la relativa seguridad de que a sus sesenta y ocho años ningún forense va a tener que hacerle la autopsia en plena cancha. Otra cosa que, aunque no estatuida, también procuro respetar es la proporcionalidad de edad en las parejas, es decir, busco un joven para acompañar a un viejo. Con ello no sólo trato de equilibrar el juego de los contendientes sino el resultado. Éste es el secreto de que un tipo de la tercera edad pueda seguir dándole a la raqueta con cierto garbo. La posibilidad de vocear «¡tuya!» al joven compañero cada vez que el adversario nos sorprende con una *dejada*, aunque sea en nuestro campo, es muy tranquilizadora. Esto es, el tenis de dobles, mientras uno de los dos aguante, puede practicarse sin limitación de edad, hasta que la artrosis nos lo impida. Estos trucos se descubren cuando uno se va insertando en la vejez. Mi retorno al tenis a los sesenta y cuatro años me permitió descubrir, además, otras novedades que revelaban un cambio apreciable en la sociedad española. El Jaguar descapotable de José Luis Pérez Pellón, con las raquetas y las bolas en la bandeja trasera, por ejemplo, no hubiera desacreditado mi imagen de hombre austero en 1985. Por otro lado, al generalizarse el acceso a lo superfluo, el fútbol dejó de ser el único deporte del país. Empezaba a surgir gente para el tenis, el baloncesto, el balonmano, el hockey, el rugby, la natación, el atletismo y otras manifestaciones deportivas. Item más, al populari-

zarse, el tenis dejó lógicamente de ser un deporte distingui-
do y aunque continuara siendo un deporte entre caballeros,
ningún tenista se esforzaba ya en demostrarlo. Nadie preguntaba *¿play?* antes de poner en juego la pelota, ni esperaba la respuesta, *ready,* para impulsarla. Sacaba y listo. Yo,
seguramente por añoranza, intento cada día resucitar las
arcaicas fórmulas señoriales, pero con poco éxito. Algún
hijo, mi yerno Pancho por complacerme, me siguen el juego, pero pare usted de contar. En cuanto me ausento de la
cancha el *play* y el *ready* tradicionales se van a hacer puñe-
tas. En una palabra, no consigo restaurar tan distinguidas
costumbres. A lo sumo, los tenistas actuales con los que me
enfrento, anuncian el saque de una manera abrupta:
«¡Va!», dicen como cualquier chico de la calle. Y el resto
responde con otro monosílabo, «Sí», o a lo sumo, el más
cortés, voceará «¡Viene!», pero no pasarán de ahí. Los vocablos ingleses, no sé si por la cuestión de Gibraltar, se han
arrumbado de manera definitiva. Ahora se emplea un *no*
categórico, castellanísimo, ambiguo y polivalente que se
utiliza para todo, para comunicar que la pelota ha dado en
la red, que no ha entrado el servicio, que la bola se ha ido
por un costado, o que ha rebasado la línea de fondo.

—¡No!

Nadie preguntará nada. Todo el mundo sabe a qué ate-
nerse. El significado de la brutal negativa lo facilita la inci-
dencia del juego. *No* y basta. El tenis ya no requiere buenos
modales ni distingue a quien lo practica. El americano
McEnroe es un ejemplo muy expresivo al respecto. Este
deporte ha dejado de ser una escuela de buenas costumbres. Diría más: la gente joven y de cuna ilustre suelta tacos
cuando falla un golpe fácil o dice *mierda* a boca llena y, por
supuesto, no en inglés. Esto trae como consecuencia que el
muchacho zafio que acaba de jugar un *set,* no experimente

23

ya ninguna transfiguración, ni ante el cotidiano plato de sopa de fideos que le aguarda en casa tendrá la deferencia de decirle a su madre que «está sabroso el consomé». Decididamente jugar al tenis ha dejado de ser un signo de distinción y la imagen de *play boy* ya no le cuadra al tenista aunque se desplace a la cancha en un Jaguar descapotable.

EL MAR Y LOS PECES

La pesca del cangrejo era un recurso que mi padre aprovechaba para sacarnos a tomar el aire en primavera. Mientras permanecíamos en Valladolid, solíamos ir a la Esgueva, bien a Renedo o, valle arriba, hasta Esguevillas o cualquier otro pueblo intermedio. La Esgueva fue un río pródigo en cangrejo de pata blanca (un crustáceo verdoso, no exageradamente grande ni de pinza muy desarrollada, pero sabroso). Lo malo de la Esgueva, como de casi todos los ríos y arroyos de llanura, era que sus aguas bajaban turbias a causa de la erosión y entre esto y que la pesca del cangrejo era crepuscular, tirando a nocturna, no se veía lo que se pescaba hasta que el retel afloraba y uno le alumbraba con la linterna. Este defecto lo soslayé años después, cuando ya de adulto, me dediqué al cangrejo en los ríos Moradillo y Rudrón, en Burgos, de aguas cristalinas y oxigenadas, con lo que la pesca de este crustáceo dejó de ser una actividad ciega. Cuando el cangrejo proliferaba y los ríos eran libres, yo solía llevar a mis visitantes, particularmente si eran extranjeros, a pescarlos con retel y no recuerdo de ninguno que saliera defraudado con la experiencia.

Echar el retel (cebado con tasajo, o con bazo de caballo) y dejar que se posara en el lecho del río, promovía a los pocos segundos una actividad sorprendente. El cangrejo salía de bajo las piedras o de entre las hojas muertas de la orilla y se encaminaba hacia el aro. En unos minutos, el lecho del río era un tropel de cangrejos, unos grandes, otros pequeños, todos engolosinados con el cebo que blanqueaba en el centro del retel. Las aguas estaban tan limpias que, a pesar de la profundidad, se observaban los movimientos de los bichos como en una pantalla. El cangrejo ante el aro, adoptaba diversos comportamientos. Uno, el más confiado, entraba sin vacilaciones y se ponía a comer. Un segundo titubeaba antes de decidirse. Otros, los más, le rondaban, daban vueltas y vueltas, se detenían, peleaban entre sí y, finalmente, entraban o se alejaban, reculando, recelosos de aquel artilugio que de pronto había irrumpido en el río. Al difidente, si era grueso, aún podía capturársele, pinzándole con la horquilla, y extraerle, acorazado y rojizo, de la masa de agua, salpicando con sus coletazos antes de ser depositado en el fardillo. La abundancia de cangrejos era tal que la diversión estaba garantizada. Luego venía la extracción de reteles, el hervor de los apresados en cada uno (a veces más de una docena) y finalmente, ya en casa, el recuento. La unidad era la docena y creo recordar que en una ocasión llegamos a atrapar más de ochenta. Claro que estoy hablando de los años sesenta, con casi todos los ríos libres y sin limitación de capturas. Pero el automóvil, el nivel de vida, el espíritu de imitación y el despertar del paladar español provocaron una multiplicación de cangrejeros como nunca se había conocido. Cualquier corriente de agua, cualquier lavajo o charca, se veían sometidos a un asedio permanente. Tan fuerte llegó a ser la presión que el Gobierno no tuvo más remedio que intervenir. Extensos tramos de ríos y arroyos fueron acotados, se estableció una medida mínima por unidad, un límite de reteles y un límite de capturas. Es decir, las cosas empezaron a tomarse en serio. Pese a ello, las corrientes pequeñas, poco caudalosas, acusaron esta avidez, se despoblaron. En cambio las corrientes considerables, como el Rudrón, en Burgos, seguían produciendo cangrejos en cantidad. Mas como su cotización subía sin cesar hasta alcanzar en el mercado el precio del caviar, el furtivismo aumentó de tal manera que también estos ríos llegaron a resentirse. Sin embargo, hubo de ser una imprudencia (de las muchas que se cometen en España en el campo biológico) lo que terminase por dar la puntilla a nuestro cangrejo de pata blanca. El capricho de implantar en nuestra topografía animales que nunca se dieron en ella, llevó a repoblar el Guadalquivir y otras corrientes del sur con cangrejo americano, mucho más prolífico pero menos sabroso, más voraz y más encenagado que el nuestro. Las primeras experiencias resultaron sorprendentes, tanto por la velocidad de reproducción del nuevo crustáceo, como por su capacidad de destrucción de la flora ribereña. Mas con lo que no se había contado era con que este cangrejo, inmune o resistente a la afanomicosis, podía portar la enfermedad y contagiarla. Y la afanomicosis fue el *ite missa est* para el cangrejo oriundo que, en poco más de un año, fue prácticamente barrido de las aguas peninsulares. Bastaba introducir en un río limpio un retel con el que se hubiera pescado en aguas contaminadas para que el cangrejo indígena sucumbiera. Y hoy nos encontramos con que nuestros tradicionales cangrejos han desaparecido, el foráneo ha tomado posesión de nuestras aguas, y aquí paz y después gloria. Nadie se ha rasgado las vestiduras, que yo sepa, ante esta catástrofe ecológica ni se han exigido responsabilidades. El cangrejo americano (más duro de coraza, pinzas alargadas, cola corta, estrecha e insípida) continúa vendiéndose en los mercados, y una clientela de paladar insensible sigue devorándolos como si tal cosa, sin reparar en el cambio. Algunos escogidos hemos abandonado su pesca y su consumo y pare usted de contar. La vida sigue y hasta la próxima.

Pero si el cangrejo era una disculpa para salir al campo, su pesca era una pesca pasiva: la víctima era la que iba y venía, la que se afanaba. El pescador, no realizaba ejercicio físico alguno. Los reteles, separados entre sí por una distancia de diez metros, apenas facilitaban unos breves paseos a lo largo de la ribera. Con la pesca marina, con la pesca de malecón, sucedía tres cuartos de lo mismo: el pescador encarnaba el anzuelo con la lombriz, lanzaba el engaño al agua y a aguardar a que picase el pez. Él no ponía nada de su parte. Era el pez el que hacía por el anzuelo; él se limitaba a esperarlo.

Yo me engolosiné con la pesca de mar al mismo tiempo que con la de la trucha, sobre 1953. Y hasta recuerdo que en mi primer lance con cucharilla desde la punta del espolón, en Suances, tuve la fortuna de enganchar una lubina de ración. Me habían dicho que la lubina era la trucha de mar y entraba a la cucharilla con la misma voracidad que ésta. El primer intento pareció confirmar esta afirmación, pero lo curioso es que aunque repetí el lanzamiento centenares de veces aquel verano, cambiando el color y el tamaño del artilugio, desde tierra y a la cacea, las lubinas no volvieron a sentirse estimuladas. No volví a agarrar una lubina con cucharilla. En lo sucesivo pesqué a fondo, en la ría, con caña larga, cebo vivo y carrete grande, de mar. Esta coincidencia de tener fortuna la primera vez que ensayo algo se ha repetido varias veces a lo largo de mi vida como si el destino quisiera jugar con mis ilusiones. Recuerdo que la primera vez que jugué a la lotería me tocó y algo semejante me sucedió con las quinielas y el cupón prociegos. Naturalmente aquellos éxitos me animaron y probé fortuna varias veces, pero la fortuna no volvió a sonreírme con lo que terminé abandonando el juego. La lubina que entró a la cucharilla en el espigón de Suances forma parte de estos golpes de azar iniciales que carecen de toda explicación lógica y parecen inducidos por un genio burlón.

Mis comienzos como pescador de mar tuvieron lugar, pues, en el Cantábrico, junto a un sordo de Zamora, hombre metido en años, de un egoísmo tan cerrado como su oído, que no vio con buenos ojos la competencia. Amparado en su sordera ni siquiera me saludaba al encontrarnos cada tarde y si yo, como principiante, le hacía alguna consulta a voz en cuello, él volvía hacia mí su rostro avinagrado y me decía:

—¿Es que no se ha dado usted cuenta de que soy sordo?

Mis hijos, muy pequeños entonces, le miraban con cierto temor, pero cuando enganchaba algún pez venían corriendo a comunicármelo:

—El sordo ha pescado un pez muy grande.

Yo me acercaba a él para felicitarle, contemplar el trofeo y romper el hielo, pero él desanzuelaba al pez, lo metía en la cesta sin dejármelo ver y se me quedaba mirando impertinentemente.

—¿Quería usted alguna cosa?

—No. Únicamente quería ver el pez y preguntarle con qué lo había pescado.

Él fruncía la frente.

—No sé qué me quiere decir.

Yo repetía la pregunta, a voces, desgañitándome, pero él volvía hacia mí su rostro impasible y me decía:

—¿Es que no se ha dado usted cuenta de que soy sordo?

Tan altivamente hermético se mostraba aquel buen señor que acabamos pescando codo con codo sin dirigirnos la palabra, sin darnos los buenos días ni las buenas tardes. Pero las relaciones se rompieron del todo el día que tuve la mala fortuna de pescar mi primer pez. Teníamos entonces en casa a una muchacha francesa, de Nancy, Catherine, con la que mi hijo mayor iba a hacer intercambio, y ambos, con mis hijos pequeños y mi esposa, me acompañaban. El sordo zamorano miraba de reojo mis preparativos, mi caña nueva de cinco metros, mi inhabilidad con ella, el plomo con que lastraba el anzuelo y, finalmente, el lance al centro de la ría. Yo no puedo asegurar que sintiese picada alguna en el sedal. Habituado al seco tirón de la trucha, aquel artilugio emplomado para la pesca marina se me antojaba, si no mudo, poco expresivo. Sin embargo, algo debí de notar cuando empecé a recoger hilo y, de pronto, vi centellear entre las aguas alborotadas un pececillo de plata (rigurosamente un pececillo puesto que no mediría más allá de diez centímetros). Pero fue suficiente para que el júbilo de mi joven acompañamiento se desbordara:

—¡Papá ha pescado un pez!

—¡Trae un pez así de grande!

Yo daba vueltas al carrete con parsimonia, orgulloso de mi hazaña, y cuando varé el pez en las piedras del malecón y saltó espasmódicamente en sus postrimerías, mi hijo Miguel se lanzó a por él, pero al instante lo soltó al tiempo que gritaba y se metía un dedo en la boca. Mademoiselle Catherine, sonriente, con una sonrisa comprensiva hacia la inoperancia infantil, avanzó hasta el pez y lo cogió cuidadosamente con ambas manos. Es probable que su alarido se escuchase en París, al tiempo que se deshacía del pez en un impulsivo movimiento de rechazo. La niña francesa se retorcía las manos, y mi hijo gemía de dolor, cuando mi esposa se aproximó a la presa en actitud de superioridad.

—¡Quitad, que sois todos unos sosos!

El desenlace fue el mismo, tocar el pez y retirar la mano fue todo uno, tras emitir un grito desgarrador. Pero el instinto maternal prevalecía sobre el dolor y entre lágrimas invitaba al resto de sus hijos a no arrimarse a aquel horrible pez.

—¡No lo toquéis! ¡¡Muerde!! ¡¡Muerde brutalmente!!

—¿Cómo que muerde?

Me resistía a creer que mi primera captura tuviera tan desastrosas propiedades, pero me acerqué hasta el pez, le hurgué con un palo y, al contacto, surgió de su dorso un abanico negro, cuyas varillas eran unos aguijones afilados. Dos o tres curiosos que paseaban por el pinar vecino se habían acercado al oír los gritos mientras el sordo de Zamora ni siquiera nos miraba. Un señor vestido con traje blanco y traza de veraneante experimentado examinaba al pez.

—Ojo, es una mordedera —dijo—. Que no la toquen los niños.

—Llega usted tarde. Ya ha picado a tres.

El veraneante miró la mano deformada de mademoiselle Catherine, los dedos como morcillas de mi esposa y mi hijo, las lágrimas contenidas de todos ellos y agregó:

—Yo que usted les subiría al médico.

—¿Al médico? ¿Tan grave es?

—La picadura de ese bicho es de cuidado; toda precaución es poca.

El médico inyectó a los tres accidentados un contraveneno y les tuvo el día entero a leche. El dolor desapareció pero recuerdo que una semana más tarde, cuando, terminada la temporada, mademoiselle Catherine tomó el tren para París, su mano seguía hinchada y engarabitada como una garra.

—Di a tus padres lo que ha pasado. No vayan a pensar

que ha sido un accidente doméstico —le dije desde el andén, cuando se asomó a la ventanilla.

—No se preocupe, monsieur. Yo estar muy agradecida.

La mordedera fue mi debú en la pesca marítima. Después de tan nefasta experiencia otro cualquiera hubiese abandonado pero yo no sólo seguí adelante sino que patrociné la afición naciente de mi primogénito.

—Pero ¿estás loco? ¿Cómo va a ir el niño solo al malecón a pescar? —Mi mujer hacía las sensatas observaciones de rigor.

—¿Qué puede pasarle? Allí no hay olas. Si se cae a la ría, sabe nadar. Y en el peor de los casos, el sordo ya le echará una mano.

—Como el día de la mordedera, ¿verdad?

—Bueno, en aquella ocasión estábamos toda la familia para ayudarnos.

Total que, después de hacerle ver al niño —siete años— los escasos riesgos de la aventura y encarecerle la mayor prudencia, le dejamos marchar. A media tarde, desde la terraza de casa, observamos carreras y oímos gritos histéricos en la playa. Mi mujer salió de estampida.

—¡El niño!

Corrí tras ella. Una barca doblaba en ese momento el espigón y remolcaba un bulto oscuro. La primera mujer con que tropezamos nos informó a borbotones:

—¡Un toro! Venía huido de sabe Dios dónde. Ha recorrido todo el malecón y finalmente se ha caído al mar. Ahora lo están remolcando —señalaba a la barca.

—¿Un toro? Pero ¿de dónde ha salido ese toro?

Mi mujer, más práctica, iba derecha al grano.

—Y ¿qué ha sido de los pescadores?

—No lo sé. Había un niño con ellos, pero no le puedo decir.

—¡Dios mío!

Corríamos desolados por la arena hacia el malecón y, de pronto, vimos aparecer por la pimpollada un ser diminuto, con una caña al hombro que medía lo que cuatro niños, la cesta en bandolera y toda la tranquilidad del mundo. Al aproximarnos, su carita sonreía. Su madre apenas le dejaba hablar.

—En cuanto vimos venir al toro, don Lucio me dijo: «Chaval, bájate con cuidado por las piedras».

—Pero ¿no os embistió?

—Cuando se paró a mirarme, don Lucio me dijo: «Chaval, pégale en los cuernos con la caña». Y yo le pegué con la caña en los cuernos hasta que se marchó.

—Don Lucio, pero ¿quién es ese don Lucio que no se te cae de la boca?

—El sordo de Zamora; es muy simpático. Hoy oía bien.

Los percances con que se iniciaba mi nueva actividad, lejos de amilanarme, me espolearon. Y con la práctica llegué a adquirir cierta soltura, aunque las capturas solían ser cortas, y salvo en casos excepcionales de enganchar un pez grande, poco emocionantes. La picada apenas se sentía. El plomo y las corrientes de la ría hacían mayor resistencia que el pez. Decepcionado, tuve una ocurrencia: pescar en superficie con *buldó* de plástico, emplomando discretamente la carnada. En principio, la nueva técnica no dio mejor resultado que la pesca a fondo. Uno pescaba una lubina y un par de mules a todo tirar después de varear la ría durante toda la tarde. La única ventaja era que las picadas se hacían perceptibles con lo que la emoción de las capturas subía un poco de tono. Pero, inesperadamente, un día de marea baja, que dejaba parcialmente al descubierto la arena de la desembocadura, lanzando la boya con la miñosa al rompeolas, conseguimos docena y media de lubinas en poco más de una hora. La conmoción apenas nos dejaba hablar.

—Hay que conseguir una boya más pesada para lanzar más arriba.

—¿Por qué no una boya de madera?

La idea de mi amigo Antonio Merino me pareció luminosa. Casi sin comer nos fuimos al carpintero del pueblo que se hallaba muy afanado ajustando una mesa.

—¿Podría usted hacernos una docena de bolas?

—Bolas, ¿de qué?

—De madera, claro.

Nos miraba el hombre, por encima de las gafas como si hubiéramos perdido el juicio.

—Y ¿de qué tamaño?

Le explicamos *grosso modo* de qué se trataba y, apelando a su talento artesano, le rogamos colocara a las bolas unas orejuelas de metal contrapuestas para atar el sedal y el cebo, ya que íbamos a utilizarlas para pescar.

—Y ¿qué piensan pescar con esto?

—¡Ah, eso está por ver!

Antonio Merino y yo nos miramos con una sonrisa de conspiradores. Habíamos silenciado nuestra suculenta pescata de la mañana y estábamos dispuestos a dar un brazo antes que informar al sordo de nuestro descubrimiento. De difundirse la nueva técnica pronto se maliciarían las lubinas y dejarían de picar. Con ese egoísmo característico del pescador de caña aspirábamos a reservarnos eternamente el hallazgo. A la mañana siguiente, apenas amaneció, ya estábamos los dos en la punta del espolón, lanza que te lanza, encima del rompeolas, sin el menor resultado práctico. Poco antes del mediodía, después de cuatro largas horas de fustigar la ría con nuestras bolas de madera, agarré una lubinita de diecinueve centímetros. A la una se nos acabaron las lombrices.

—Si no lo veo no lo creo.

—La pesca ya se sabe; es una lotería. Hoy bien, mañana mal. Habrá que esperar otra marea como la de ayer.

Y la esperamos con avidez, con la misma impaciencia con que se espera a la primera novia. Y tan pronto se presentó la nueva marea baja acudimos a la ría con un cubo de lombrices, una docena de boyas de madera y un caudal de ilusiones que no cabía en la playa. Nuestras primeras varadas iban acompañadas de una confiada sonrisa. Aquellas bolas, impulsando el cebo más allá del rompeolas, por fuerza tenían que tentar a las lubinas. Al cabo de una hora empezamos a impacientarnos. Transcurridas dos, Merino empezó a mascullar palabrotas. Tres horas después, sin haber sentido la más leve picada, cogí el cubo de lombrices y lo volqué en la ría indignado.

—¡A la mierda las lubinas! A ver si se mueren todas de una indigestión.

Pero el pescador es hombre muy tesonero. A pesar del fracaso de la ría, resolvimos ensayar el ingenio en Pesués. La pequeña ensenada de Pesués quedaba unas leguas más arriba, hacia Asturias. Era una calita cerrada, de agua luminosa y azul, donde los mules se cebaban al iniciarse la marea. Habíamos pescado varias veces allí, desde barca, empleando boyas de plástico, con buenos resultados. En el agua planchada se veía boquear a los peces, como un hervor, y lanzando la gusana entre las picadas era casi seguro acertar. En nuestro afán de asegurar el éxito, Merino había sugerido pintar las bolas de rojo.

—¡Estupendo! Así las vemos a distancia.

—Incluso podemos llevar los prismáticos.

Nos levantamos de madrugada, y a las siete, con la primera luz, desencallamos la barca. Antonio Merino remaba pausadamente hacia el centro de la cala. Llevábamos tal cantidad de bolas y lombrices a bordo que por un momento temí naufragar. ¡Íbamos a conseguir un botín de mújoles como no se había conocido en la historia! Sobre las ocho, con la nueva marea, iniciamos los lanzamientos, cortos primero, mediados después, largos al fracasar éstos. En la superficie del mar, levemente rizada, no se percibía la ceba. Prendimos tres mules pequeños, pero de súbito un fuerte tirón me partió el hilo y un gran pez coleó a veinte metros de la barca.

—¡No pierdas de vista la bola!

Merino, erguido en la popa, los prismáticos en los ojos, seguía la bola roja con la cabeza altiva, como un almirante en pleno zafarrancho.

—¡Allí! ¡A estribor!

Señalaba con el dedo hacia las rocas. Bogué con toda mi alma, con ardor. Me imaginaba un mule gigantesco, como no lo habíamos visto en la vida, enganchado en el anzuelo, arrastrando la bola. Mi amigo activaba mi imaginación.

—Para romper un hilo del 24 ya tiene que tirar, ya. —No se quitaba los prismáticos de los ojos—. Despacito. ¿Ves la boya?

La vi un momento, balanceándose en el mar risueño, pero en cuanto aproximé la barca, salió disparada como un cohete, y en tanto viraba a babor, voceé a mi amigo ronco por la emoción:

—¡Síguela! ¡No la pierdas de vista!

Ahora Merino me indicaba un lugar de la ensenada donde negreaban unas algas. Volví a remar desesperadamente. Me estimulaban los presagios de mi amigo.

—¡Tiene que ser un ejemplar de exposición!

Soñaba con un mule imposible, de diez kilos de peso, y volví a arrimar la barca a la boya roja mas otra vez salió ésta despedida, como si la arrastraran los demonios. Antonio Merino, un serviola disciplinado, le enfocaba los prismáticos y señalaba el nuevo reposadero. Y hasta allí conducía yo la barca sin dar pausa al pez. Pero el mule volvía a burlarnos y yo tornaba a seguirle. Esta operación se repitió media docena de veces y, en cada una de ellas, se agigantaba el pez en mi imaginación. Sudaba como un pollo y mi amigo, más sereno, trataba de indicarme la táctica discreta para arrimarnos a él sin espantarle. Hasta que al cabo de una hora de persecución, cansado sin duda el mújol, la boya roja quedó inmóvil, tentadora, a un metro de la barca, y yo, en un rápido movimiento, la atrapé con un alarido de gozo pero con tal precipitación que desequilibré la lancha y la volqué, y Merino y yo nos fuimos al agua de golpe con los prismáticos y toda la impedimenta. Fueron unos momentos de confusión en que lo único claro para mí era que no debía soltar la bola si no queríamos perder el pez. De forma que agarré la boya con las dos manos mientras me mantenía a flote con los pies. Merino braceaba a mi lado y cuando el mújol volvió a tirar del cabo yo hice ángulo con mis brazos y metí la cara en el agua pensando ingenuamente que el pez arrastraría con la bola mis setenta kilos de peso. Yo, al menos, estaba dispuesto a irme tras él hasta el fin del mundo. Y entonces ocurrió lo imprevisto aunque no era difícil de prever. El hilo chascó como un latigazo y mientras el pez escapaba con el anzuelo en la boca, yo izaba en mi mano la boya huérfana e inútil, desconsolado.

—¡Se fue! ¿Oyes, Antonio? ¡El pez grande se largó! ¡Me cago en la mar serena!

Éste fue el desenlace decepcionante de la nueva técnica de pesca: el lance con *boya de madera pintada de rojo*. La expedición a Pesués marcó el final de la experiencia. En lo sucesivo volvimos a pescar con arreglo a la vieja técnica de siempre: a fondo, con la carnada lastrada por un plomo de retel, echándole paciencia al asunto. Por supuesto ni aquel verano ni en los siguientes, con marea baja o con marea alta, se repitió la captura de dieciocho lubinas. Aquel prodigio no volvió a darse. A veces, desanimados ante las exiguas cestas que deparaba el malecón, nos llegábamos hasta las rocas, y en los acantilados atrapábamos peces extraños y feos, abigarrados, que nadie era capaz de identificar y, por supuesto, menos de comer. Total, que la pesca de mar fue languideciendo y dos veranos más tarde, con el espigón erizado de cañas (la fiebre de la pesca marítima se iba extendiendo también) la abandonamos, creo que al mismo tiempo que don Lucio, el sordo de Zamora, incapaz de compartir su afición con la masa.

La pesca más concienzuda, a la que he dedicado mayor cantidad de horas, y más encendidos entusiasmos, ha sido la de la trucha al lance ligero, con cucharilla en las horas punta del día, y con la cuerda, a mosca ahogada, en las centrales. Esta actividad que inicié en los últimos cuarenta, y no he abandonado hasta el día, tiene pues una larga tradición de cuarenta años en los que, como en botica, ha habido de todo. En líneas generales esto de la trucha, como la caza (las vedas contrapuestas de perdiz y trucha me han permitido jugar a dos paños durante siete lustros) ha ido de más a menos, de la alegre expansión libertaria y pingüe a la excursión controlada, de parcos botines. A lo largo de estos años, las reglamentaciones cada vez más estrictas y la repoblación piscícola generalizada han ido entibiando mi fiebre inicial. Hoy apenas salgo dos o tres veces a truchas en primavera y una a reos durante el verano, en el Cares, invitado por mi amigo Manolo Torres. La reserva de cotos con meses de antelación, el hecho de tener que elegir a ciegas el día y el río que *debo* pescar y, sobre todo, la posibilidad de atrapar una trucha que previamente haya sido puesta en el río por el servicio piscícola para que yo me entretenga, es algo que contraría mi filosofía de la pesca, el carácter de pugna entre un ser inteligente y un animal silvestre que yo le asigné en principio.

Aficionarse a la pesca de la trucha desde Valladolid, única ciudad castellano-leonesa donde no las hay, tiene su busilis. Esta dedicación, como el matrimonio, suele responder a un lento proceso de maduración. Y en mi caso, el flechazo se produjo en Molledo-Portolín (Santander) durante mi viaje de novios en 1946. En aquellos días, paseando por la ribera del Besaya, mi mujer y yo sorprendimos a un pescador en medio del río, fustigando las aguas a diestro y siniestro, actitud que contrastaba con la secular imagen del pescador de caña, estático y adormilado, pendiente de la picada del pez, a que nos tenían acostumbrados los chistes de los tebeos. Aquel hombre —Panín, el de Santa Olalla— era la antítesis del pescador pasivo: la más pura —y al parecer, gratuita— actividad. Cambiaba de sitio, saltaba de piedra en piedra, alteraba la dirección de sus varadas, vadeaba una y otra vez el río con sus altas botas de goma, avanzaba cien metros, retrocedía sobre sus pasos. Al llegar junto a él, nos explicó que la pesca de truchas al lance ligero, con devón, cucharilla, o mosca artificial, era el último grito de la pesca deportiva en Europa. En el extremo más frágil de la caña estaba el sedal, con un artilugio plateado bailando en la punta, y, en el otro, junto al mango, un carrete negro con el hilo recogido. Aquellos adminículos eran desconocidos en España y mi mujer le preguntó cómo se manejaban. Panín, el de Santa Olalla, trató de eludir la demostración con la disculpa de que aquel tramo de río lo tenía ya muy castigado, pero como mi mujer le advirtiese que no pretendíamos *ver pescar*, sino informarnos sobre cómo se utilizaban aquellos trebejos, Panín se avino:

—Bueno, eso es fácil —dijo—. Mirad.

Echó por encima de su hombro una ligera cañita de tres metros y la impulsó hacia el río. La cucharilla, con su peso, fue sacando hilo del carrete, se posó suavemente sobre las aguas y se hundió. A nuestros pies, en la poza transparente, se la veía aletear como una mariposa que tratase de huir desesperadamente de un enemigo invisible.

—¿La veis girar? Parece una polilla.

De improviso, de lo hondo de la poza en penumbra, emergió un pez grande, con la boca abierta, se lanzó como una exhalación sobre la cucharilla y en unos segundos quedó prendido de los tres anzuelos. Panín, el de Santa Olalla, no daba crédito a sus ojos.

—¡Pero si he pescado! ¿Os dais cuenta?

Giraba la manivela del carrete recogiendo hilo, al tiempo que bajaba de la piedra desde donde había lanzado, en tanto el pez se retorcía y salpicaba en medio del río. Pausadamente pero sin concesiones, Panín, fue aproximando la trucha a la orilla, echó mano de la tomadera que portaba a la cintura, envolvió al pez en su malla, y lo sacó del agua. Mientras coleaba en los cantos del estero, y la desanzuelaba, Panín la miró con ojos tiernos y sólo dijo:

—Es bonita, ¿no?

Yo acababa de morder el anzuelo y no pude responder. Panín había pescado a la trucha pero la trucha me había pescado a mí; acababa de conquistarme. Un verano después, cuando mi cuñada Carmen Velarde (que, entonces, todavía no lo era) se soleaba en el mismo río sobre una peña, unos metros más abajo, una trucha de kilo saltó a bañarse, calculó mal el salto y fue a caer sobre la roca donde ella estaba tendida, salpicándola. Mi cuñada, recibió con asombro y alborozo el don del río y todos nos hicimos lenguas sobre el original procedimiento de captura. Era un hermoso ejemplar carinegro, rubio, moteado de pintas rojas y negras, asalmonado, que nos merendamos con gran contento. Fue la segunda tentación. La primavera siguiente me sorprendió a la vera del Pisuerga, en Aguilar de Campoo, caña en ristre, con una cucharilla del tres y un hilo tan grueso que antes que romper, removía las rocas y las arrastraba corriente abajo como si fueran cantos rodados. Con el tiempo, el tamaño de la cucharilla se iría reduciendo y el hilo afinándose, pero en aquella ocasión, a mediodía, entre dos peñascos, enganché la primera trucha de mi vida, un bonito ejemplar damasquinado que luchó inútilmente con el grueso sedal de mi carrete. Yo la contemplaba con veneración, como a un objeto precioso. Los tirones, la resistencia del pez a ser extraído de su medio, me habían deparado una emoción nueva, una emoción desconocida, a la que ya no estaba dispuesto a renunciar. Me había convertido en un ferviente pescador de truchas. Gradualmente fui cansándome de la cucharilla, doctorándome en la técnica de la pluma, del mosco ahogado, más sutil, vistosa y placentera. Había ocasiones en que reducía la jornada de pesca a las horas centrales del día para trajinar el río únicamente con la cuerda. Entonces, en la primera mitad de la década de los cincuenta, no era raro atrapar docena y media de truchas por jornada y algún que otro ejemplar de kilo o kilo y pico. A mí, empecinado cazador, la temporada de pesca que seguía cronológicamente a la de caza, me procuraba tantas o mayores satisfacciones que ésta. Pescaba regularmente, al menos una vez por semana. Había de recorrer ciento cincuenta, doscientos kilómetros, para alcanzar un río truchero, pero todo lo daba por bien empleado. Frecuentaba los cotos, pues entonces no había dificultad para obtener permiso ya que los pescadores éramos cuatro gatos. En mi fuero interno cuestionaba cuál de los dos deportes predadores me apasionaba más: la caza o la pesca. Y no acertaba a resolverlo; la cuestión constituía una empatadera. La caza aventajaba a la pesca en que estaba a la vista; la tirases o no, la perdiz rara vez permanecía oculta, la veías. Con la pesca, en cambio, había días en que las aguas se cerraban y las truchas no respondían a ninguna incitación. No se veían y la corriente parecía despoblada. Por el contrario la pesca superaba a la caza en cuanto a la incógnita de la presa: al notar la picada, en tanto no empezaba a recoger hilo, uno solía ignorar si había prendido una trucha de cien gramos o de un kilo. La perdiz, en cambio, siempre era *la misma*, la segunda un calco de la primera. Entre los años cincuenta a setenta, desplegué gran actividad como pescador. Solía llevar una comida ligera que engullía en la ribera del río esperando la ceba de los peces. El momento en que la trucha decidía abandonar el lecho del río para colocarse entre dos aguas a cazar mosquitos era emocionante. ¡Cuántas veces me quedé sin comer al ver que boqueaba el primer pez! Tan enfrascado estaba en mi nueva actividad que odiaba aquellos problemas profesionales o acontecimientos sociales que me apartaban del río, que quebraban mi ritmo de pescador. Y cada vez que disfrutaba de una pesca afortunada —cosa que sucedía con frecuencia— los incidentes de la excursión borraban de mi mente toda otra preocupación o desvelo. Únicamente había sitio para ellos. La pesca no diré que me relajara (en la extracción de una trucha tamaña, la tensión llegaba a veces al máximo) pero sí aireaba mi cerebro, lo despejaba y al día siguiente me hallaba en la mejor disposición para el trabajo. Ahora recuerdo que cuando nació mi hijo Adolfo, allá por el año sesenta, la espera del parto me produjo una doble desazón: la natural incertidumbre del alumbramiento y el alejamiento del río; de ahí que, al día siguiente de nacer, sano y con toda normalidad, cogiera el coche y marchara a Sedano para desquitarme. Fue una jornada opípara, en la que no sólo clavé doce truchas sino una de casi dos kilos. Al regresar al pueblo, todo el mundo me felicitaba:

—¡Enhorabuena, hombre!

—Gracias.

—Todo ha ido bien, ¿verdad?

—Formidable. No ha podido ir mejor.

—Pues lo celebro y que sea para bien.

Otro amigo entraba en el bar. Al verme me estrechaba la mano me palmeaba la espalda con efusión y me felicitaba.

—Muchas gracias, hombre.

Me sentía pescador, un gran pescador, mejor pescador que nunca, hasta que al salir a la plaza me encontré con el matrimonio Varona.

—Enhorabuena, oye.

—Gracias, gracias.

—Grande, ¿no?

—¡Psss! Un kilo, tres partes.

Aguedita, la señora de Varona, frunció la frente.

—Y Ángeles, ¿está bien?

—¿Quién? ¿Mi mujer? Bien, claro, estupendamente.

(Por el pueblo se difundió la noticia de que mi mujer había tenido un niño de kilo y medio y yo había pescado una trucha de tres hasta que, advertido del malentendido, pude deshacer el error.)

De lo dicho se infiere que hubo una época en que mi fervor truchero se imponía a todo lo demás. Estaba dominado por una vanidad pueril. Enviaba a los amigos los ejemplares más vistosos para poder vanagloriarme de mi destreza. Más que comerlos me gustaba que me regalasen el oído.

—Oye, muchas gracias por esa trucha tan hermosa. ¿Dónde la has cogido?

Y yo no sólo precisaba el río y el lugar del prendimiento sino que me extendía en pormenores relativos a la memorable captura para epatar a la mujer del amigo. Había sido una lucha larga y competida. Por tres veces el pez estuvo a punto de escapar, etc., etc. Esto era lo habitual, lo consuetudinario. Por eso me sorprendió un día la voz enojada de Carmen Bustelo, esposa de mi incondicional Fernando Altés, al teléfono.

—Oye, ¿sabes que no tiene ninguna gracia?

Yo le había enviado la víspera una hermosa trucha y quedé chafado.

—No te entiendo.

—No, ¿verdad? Entonces ¿puede saberse quién ha metido una rata dentro de la trucha?

Carmen Altés odia cordialmente a las ratas y aquella trucha se había zampado una de agua aquella mañana, pero como la turgencia del vientre estaba de acuerdo con su tamaño no me llamó la atención.

—Pero ¿cómo puedes imaginar que yo haya embutido una rata dentro de una trucha? ¿Es que puede hacerse eso?

Mi deseo era compartir con los allegados aquella nueva felicidad que me embargaba. De manera que, a medida que cumplían los diez años, iba incorporando a mis hijos a la tarea. Miguel, muy habilidoso, llegó a ser un especialista de la cucharilla. Recuerdo que un verano atrapó un ejemplar de kilo y medio al amanecer, en el Rudrón, con una cucharilla negra del 1. Por entonces televisión dedicaba un espacio semanal a la pesca deportiva y esa semana, ante el estupor familiar, el comentarista hizo saber a la audiencia que «en los ríos burgaleses, la trucha grande entraba bien de madrugada a la cucharilla negra del 1». Para una vez que maté un perro me llamaron mataperros. Años después, Miguel, destinado como investigador en Doñana, abandonó la caña con la que había llegado a ser un maestro.

Germán, el siguiente, demasiado nervioso para deporte tan delicado (los enredos del nailon, los enganchones, constituían la inevitable servidumbre del aprendizaje) me acompañó un solo día. A la hora de comer le busqué por la ribera y le encontré en la copa de un chopo de diez metros de altura:

—¡Ojo, no te desnuques! ¿Qué buscas ahí?

—La cucharilla.

Me senté a esperarle. Cuando al fin bajó me entregó caña, carrete, cesta y demás arneses y me dijo seriamente:

—Gracias. Éste no es mi deporte.

El más consecuente ha sido Juan, el tercero de los varones, paciente y mañoso, siempre a la vera del río. Desde los diez años lo tuve a mi lado y fui testigo de sus rápidos progresos. La mano dura de los comienzos, su principal defecto, la corrigió en pocas semanas. A los once años, en verano, bajaba solo al Moradillo (un riachuelo de escaso caudal, casi cubierto por las salgueras) y subía cada tarde con un par de truchitas de medio kilo. A los trece era ya un gran pescador. Manejaba con tiento la cucharilla —¡qué lances medidos los de aquel niño!— y tenía una mano sensible para la pluma. En seguida me di cuenta de que no se detendría ahí. Efectivamente pronto empezó a ensayar la tralla. Nos iniciamos juntos pero yo hube de renunciar: no distinguía el mosquito entre la broza del río y se me enfriaba el bajo vientre, o sea la parte. Pero él continuó y hoy no creo que le superen muchos pescando a la mosca seca. Afina de tal manera que es capaz de sacar un besugo de una acequia. Una verdadera maravilla.

Hasta mediados los setenta, gocé una enormidad con este deporte. Era la época de los grandes ríos (Porma, Esla, Pisuerga, Tera, Najerilla, Luna, Rudrón), de las cestas abundantes (hasta seis kilos me pesaron sendos cupos en La Magdalena y Mave), y de los ejemplares desmedidos (¿cómo olvidar los serenos del Órbigo?). Pero progresivamente, y a ritmo acelerado, los cotos célebres fueron perdiendo población y prestigio, las cestas decrecían y se hizo problemático poder capturar una trucha con una rata en el vientre sin advertirlo. Paso a paso llegaron la invasión de advenedizos, la expansión del lucio, la saprolegniosis, el furtivismo, las repoblaciones, de tal forma que hasta las corrientes más señeras fueron dejando de serlo. Paralelamente fueron desinflándose mis entusiasmos piscatorios. Y no era tanto que decrecieran las oportunidades de captura como que a uno le royera la duda hamletiana: esta trucha que he pescado ¿es del río o ha sido echada? Duda permanente y desalentadora para todo pescador que acude a la *cita* a competir con un pez difidente, salvaje, dueño de sus recursos. Empero, treinta y cinco años pescando truchas ya son años, media vida, y, bien mirado, no tengo derecho a quejarme. Los que vengan detrás tal vez se acostumbrarán a sacar del río truchas de fábrica, de piscifactoría, y hasta es previsible que el artificio tome definitivamente su asiento en el mundo del deporte y el pescador del futuro encuentre tanto encanto en esta simulación como el que encontraba yo hace veinte años bregando con la trucha silvestre de Gredos o los Picos de Europa. Nunca se sabe.

LA ALEGRÍA DE ANDAR

Iba a llamarlo alpinismo, pero, realmente, el alpinismo es una manera de caminar, muy concreta, monte arriba, sin veredas, hasta la cumbre de una montaña. Pensé también llamar marcha a este apartado pero la marcha lleva aparejadas unas connotaciones atléticas muy precisas: juego de caderas y trasero sin dejar un instante de tocar tierra con un pie. Una y otra denominación resultaban un poco excesivas para aludir a una actividad tan sencilla como es la de caminar, mover primero un pie y luego el otro, para recorrer un determinado trayecto. Lo que yo he hecho y sigo haciendo es andar, bien entre calles, por carretera, por senderos, a campo traviesa, cuesta arriba o cuesta abajo, pero, en cualquier caso, andar. Me parece que fue González Ruano quien habló de la alegría de andar, alegría que yo he experimentado y experimento cada vez que muevo las tabas. Sin embargo, reconozco que esto de caminar (actividad que los médicos sensatos recomiendan a sus pacientes con objeto de conjurar el infarto y el estrés) no siempre resulta jubiloso para el que lo practica. Yo, que no sólo ando mucho sino que en algunos de mis escritos he elogiado este ejercicio sin reservas, recibí en una ocasión una carta de un madrileño sedentario en la que me decía poco más o menos esto:

Querido señor Delibes: Leo sus libros y artículos con los que en general estoy de acuerdo. Sin embargo, discrepo de usted en algo que decía el otro día, a saber que el hecho de andar constituya un motivo de satisfacción. Hace unas semanas padecí un amago de accidente circulatorio y el doctor me ha recomendado dejar el pitillo y andar, andar todos los días de una hora a hora y media. El miércoles comencé mi nueva vida, di un paseo y no puedo decirle cuánto me aburrí. Me aburro como una oveja, señor Delibes. Esto de caminar por las calles sin rumbo, es peor que dejar de fumar, la cosa más tediosa que haya podido inventar la mente humana. ¿Qué hace usted mientras anda para entretenerse? Perdone que le vaya con estas monsergas cuando usted seguramente tiene cosas más importantes de que ocuparse pero le quedaré muy reconocido si me orienta sobre este particular. Nunca había dado un paso que no tuviera algún sentido y hacerlo ahora durante más de una hora sin ton ni son, es algo que desborda mi capacidad de resistencia. Reconocido de antemano, le saluda con afecto, XYZ.

Naturalmente le respondí que sí, que Madrid no era ciudad propicia para el paseo y tal vez sucediera lo que él decía cuando se camina por prescripción facultativa, pero cuando se andaba por propia voluntad comportaba un goce el mero hecho de hacerlo. Deseoso de serle útil le recomendaba, primero, que hiciera consciente el acto de andar (es decir, apoyar un pie, despegar el talón para cargar el peso del cuerpo sobre la punta y, entonces, adelantar el otro pie, pensando en lo que hacía), sintiendo bajo las plantas la superficie de la calle o la carretera y sincronizando los pasos con el penduleo de los brazos. Este ejercicio resulta tonificante y relajador y, si uno logra concentrarse en lo que hace, no es aburrido sino todo lo contrario. Yo imaginaba la cara de mi corresponsal al leer esto, por eso me apresuré a brindarle otra solución, la segunda, para entretener sus paseos medicinales, esto es, contemplar, al tiempo que anda, el mundo en que vive. La calle, observada con atención, suele deparar un espectáculo siempre nuevo y más que entretenido, regocijante: las bellas muchachas sonriendo, los ancianos gargajosos, los conductores hurgándose en la nariz en espera de que se abra el semáforo, los vendedores ambulantes ofreciendo su mercancía, los movimientos un poco automáticos de los agentes regulando la circulación, los escaparates, los autobuseros comiéndose subrepticiamente un bocadillo, las tertulias en las terrazas de los cafés, las pintadas, los rostros de los niños charlando mientras chupan un polo de chocolate, las parejas de enamorados arrullándose, son otros tantos motivos de atención suficientemente atractivos como para pasar una hora caminando por la calle sin enterarnos. Más curioso y, sobre todo, más sano suele ser el escenario si tenemos ocasión de hacer la caminata por el campo. Las cuatro estaciones nos ofrecen un paisaje variable, interesante siempre, en ocasiones fascinante: el charco de hielo que quebramos con nuestro pie, la carama en los tallos del rastrojo, la huella de nuestras pisadas en la escarcha, el aullido del viento, el vuelo de los pájaros, su canción en primavera, las paradas nupciales, el vagar de los insectos, el amarillear de las hojas de los árboles, el movimiento de las nubes, su forma, su color, el ondear de los trigales, el rumor del agua, los hileros del río, las primeras yemas en los árboles, etc., etc. Mi espontáneo comunicante no volvió a escribirme, de lo que deduzco que o llegó a encontrar algún aliciente en sus paseos cotidianos, o se murió de asco.

Por mi parte puedo afirmar que nunca me aburro caminando. Si es caso me impaciento cuando en casa me aguarda una tarea urgente que atender. Cuando esto ocurre, no acierto a dominar mis nervios, soy incapaz de abstraerme con la comedia callejera y únicamente pienso en regresar. Pero, de ordinario, a mí me encanta pasear; la alegría de andar, de Ruano, se convierte en júbilo en mi caso. Tanto que suelo hacerlo a lo largo de diez kilómetros diarios, un par de horas a paso regular. Ahora bien, lo peor de estos paseos cronometrados es que el uso del reloj acaba generando manía de exactitud. Yo, por ejemplo, tengo medidos los minutos que invierto en rodear la manzana de mi casa y la de enfrente, de tal manera que cuando, de regreso de mi paseo despreocupado por las afueras de la ciudad, el cronómetro me anuncia que faltan seis u ocho minutos para cubrir el horario prefijado hago lo que el sereno de *La Verbena de la Paloma*: dar otra vuelta a la manzana. A una o a otra, depende de los minutos que me falten. Y, naturalmente, este suplemento de paseo, aunque sea breve, es un paseo mortificante, el cumplimiento de un hipotético deber que yo me he impuesto. Quiero decir con esto que la predisposición al paseo debe ser tan gozosa como la que muestra nuestro perro cuando intuye que vamos a abrirle la puerta de la calle. Si la perspectiva de estirar las piernas representa un aliciente para nosotros, el hecho material de estirarlas será a buen seguro una operación fruitiva.

Otra cosa es la distribución del tiempo que hemos decidido destinar al paseo. Yo, habitualmente, camino una hora larga por la mañana y media o tres cuartos por la tarde, cambiando el itinerario. De mañana, antes de almorzar, suelo escapar a las afueras de Valladolid, a las apariencias de campo que brindan el Paseo de las Moreras o La Huerta del Rey, mientras un rato de cada tarde, antes del cine, la conferencia o el concierto, lo dedico a callejear. Horas y recorridos se alteran con las estaciones. El calor me induce a refugiarme en el Campo Grande o a salir de casa a las nueve de la mañana, tan pronto me levanto, para volver poco después de las diez. En el campo, las cosas varían, camino por la mañana una hora, y la de la tarde la dedico al tenis o a andar en bicicleta (por supuesto, también en la ciudad reduzco el tiempo de paseo cuando a la tarde me espera una actividad deportiva o le suprimo por completo, cuando dedico la jornada a la pesca o a la caza). En resumidas cuentas, la media de diez kilómetros diarios la respeto, en tanto la jornada no me exige un desgaste físico superior.

Y hasta tal punto se ha convertido esto en una costumbre que cuando viajo, incluso por el extranjero, con cierto apresuramiento, procuro reservar un rato al paseo. Para ello suelo pernoctar en esos pequeños hoteles, muy confortables, que han salvado de la ruina viejas abadías o monasterios y, antes de cenar, camino cinco kilómetros por sus jardines o carretera adelante. A menudo estos paseos por lugares recoletos, señalados en las guías de turismo con un pájaro rojo (paradores al aire libre) me resultan lo más atractivo y tonificante del viaje.

En los desplazamientos breves, a Madrid, suelo emplear otra argucia: detener el coche en pleno campo y dar una vuelta por cualquier camino vecinal y, acto seguido, reanudar el viaje. Y si voy acompañado y el día ha sido agitado, al regreso, me apeo unos kilómetros antes de llegar a casa, cedo el volante al acompañante y completo el recorrido en el coche de San Fernando. Aunque parezca paradójico, el paseo aventa la fatiga de la jornada, limpia los pulmones, entona los músculos y le deja a uno en condiciones de afrontar cualquier quehacer.

Esta práctica suele mantenernos en forma a pesar de los

años. Un ejemplo, al filo de los sesenta, yo participé en la marcha de Asprona (una asociación para ayudar a los subnormales en mi ciudad) y me fui hasta Palencia (más o menos cincuenta kilómetros) de una tirada. ¿Que cómo llegué? Sin novedad, perfectamente fresco y dispuesto a empezar otra vez. Únicamente tomé dos precauciones: no comer ni beber en las diez horas que duró la marcha, ni sentarme un solo minuto. A las nueve de la mañana me puse en camino con mis hijos y algunos amigos y a las siete de la tarde, salvo las deserciones de rigor, estábamos en la calle Mayor palentina. Por medio, dos cafés cargados (no suelo tomar ninguno), uno al comenzar la prueba y otro en Dueñas, a treinta kilómetros de la salida. Por lo demás, la andadura fue sostenida, regular, a una media de cinco kilómetros por hora.

Este prurito de asociar los paseos a otro objetivo es muy propio de mi sentido práctico, frecuente en los hombres que no disponemos de mucho tiempo, ya que, a la vez que se anda, puede desempeñarse otra tarea, verbigracia pensar o estudiar. En mis años de opositor, yo estudié muchas horas caminando, por supuesto sin libro. Con un compañero de oposición, hacíamos paseatas de decenas de kilómetros, exponiéndonos el uno al otro los temas que habíamos preparado a lo largo de la semana. La observación, el comentario del compañero, no sólo asentaba el tema sino que nos abría nuevos horizontes intelectuales. De la misma época son mis maratones con Ángeles, mi novia entonces, y su Código de Comercio forrado de cretona roja de flores. Mientras caminábamos, ella me preguntaba algunos artículos del mismo, un número o un texto leído al azar y yo replicaba con el contenido de aquél o precisaba el número del que ella había recitado. Entre carantoña y carantoña, esta segunda intención del paseo (aprenderme los mil artículos del código) se cumplió a base de endurecer los gemelos y los cuádriceps. Ángeles punteaba con la barra de labios los artículos expuestos y cuando llegó el momento de la oposición, todos los del código tenían al menos dos puntos y algunos hasta media docena, es decir todos ellos me habían sido preguntados alguna vez.

Las paseatas con finalidad añadida son obligadas en Sedano, cuando muy de mañana, hora en que los pájaros más alborotan, saco a pasear a los perros: el viejo *Grin*, el negro *Coquer*, y *Fita*, la atolondrada. Durante el año estos perros viven separados, con mis hijos, sus dueños, pero en verano se reúnen en el patio de la antigua casa y yo soy el encargado de pasearles y darles de comer. Y a pesar de que la *Fita* y el *Grin* son perros grifones de una voracidad insaciable, la escandalera jubilosa que arman cada mañana cuando me ven aparecer con la cachava para iniciar el paseo, es muy superior a la que muestran a la hora de la comida. Quiero decir con esto que los perros anteponen el paseo a la comida. Algo tendrá el agua cuando la bendicen y algo tendrá el paseo cuando el perro —el animal más inteligente y glotón de cuantos conozco— lo prefiere al menú más selecto. En todo caso, el hecho de deambular con un perro, eleva muchos enteros la normal alegría de andar. Y no digo nada si la oportunidad es de salir con tres al mismo tiempo. La desemejanza sicológica de los canes es aún más acusada que en los humanos. Es claro que también influyen en ellos la edad, el medio y la experiencia pero, en cualquier caso, el diverso comportamiento del *Grin*, la *Fita* y el *Coquer* en nuestros paseos matinales es digno de estudio. El *Grin*, viejo ya, cogitabundo, me sigue fielmente o me precede por el camino, intentando adivinarme el pensamiento. A veces se detiene, se agacha, se contrae en una de sus variadas posturas —verdaderos monumentos al estreñimiento—, me mira avergonzado con sus ojos color de miel, las barbitas rojas rilantes, y, al poco rato, reanuda la marcha tras de mí, convencido de que aún no ha llegado la hora de la evacuación. Mientras tanto, la *Fita*, hermana de raza, ha bajado a las huertas del valle y persigue a ladrido pelado a los tordos, arrendajos, mirlos que levantan el vuelo a su paso o a cualquier otra cosa que se mueva por el campo. Y al propio tiempo se recrea buscando obstáculos por el placer de salvarlos: salta bardas, bota zanjas, brinca riachuelos, siempre detrás de algo, persiguiendo a alguien. Mas, de pronto, observa que ante ella hay una alondra, o una lavandera, o un gorrión que se resisten al vuelo, que apeonan, que aguantan. Entonces la perrita se detiene, hace una muestra, humilla la cabeza y me mira con sus redondos ojos amarillos, como diciéndome: «Atiende, a este tonto voy a zampármelo».

Y, paso a paso, cruzando los pies, va aproximándose, hasta que el ave vuela a un metro de su morro y, entonces, la *Fita* arranca de nuevo a correr latiendo de contento, en homenaje al nuevo día y a la vida. Pero, de cuando en cuando, inesperadamente, la perra sube al camino, me busca, me pone las manos en el pecho y me tira un lengüetazo a la cara como diciéndome: «Aunque me divierto mucho por mi cuenta no me olvido de ti». El trajín de la perra es tan considerable que de vuelta a casa llega aspeada, jadeante, verdaderamente molida. Comiendo es igual de apresurada: quiere engullirlo todo de una vez. Es un animalito que administra mal sus fuerzas, al que parece faltarle tiempo para hacer todo lo que quiere hacer en la vida. Esto se advierte cuando, mediado agosto, salimos con ella a la codorniz. El viejo *Grin*, que podría ser su abuelo, empieza con calma, poco a poco va registrando el arroyo y mostrando los pájaros que olfatea. No da un paso de más. Cumple con su deber

pausadamente de tal forma que la duración de la jornada nunca le sorprende; dure lo que dure y pese a sus años, acaba útil, sediento pero laborioso. La joven *Fita*, en cambio, tan pronto se ve en el cazadero, aspira a comerse el mundo, corre alocadamente de un lado a otro, irradiando felicidad, vuela un bando de calandrias, lo embiste, pone una codorniz en el quinto pino, pretende atraparla al vuelo, y si levanta una liebre de la cama, la persigue, latiéndola en gozosa anunciación, hasta las líneas azules de las colinas que cierran el horizonte. Es difícil someterla a disciplina.

—¡*Fita*, ven aquí!

Acude a la llamada pero vuelve a irse y cuando, al fin, uno cree que la ha dominado y la perrita empieza a cazar con normalidad, tras un par de horas de muestras magistrales, se cansa, se pone a retaguardia, se tumba en los sombrajos de las morenas y te mira implorante con sus redondos ojos amarillos, húmedas sus rojas barbitas, jadeante: su excelencia la perrita está fatigada, ya no puede con su alma, ha administrado mal sus energías. Es de esperar que esta impaciencia se le corregirá con la edad.

¿Y el *Coquer*? ¿Cómo se comporta el negro *Coquer* en los paseos matinales? El *Coquer*, despegado y errabundo, hace su vida. No se molesta siquiera en comparecer periódicamente como la *Fita*, ni en recordarnos que nos quiere. Los más estridentes ladridos de júbilo al comenzar el paseo han sido los suyos. Pero ya está. Ya ha dado las gracias, ya ha cumplido, y durante la excursión matinal campará por sus respetos. Contrariamente a las preferencias de la *Fita*, no baja al valle sino que se encarama a la ladera que faldeo, una ladera erizada de robles, intrincada y áspera. El *Coquer* va buscando el pelo. Los pajaritos no le interesan. Olfatea el conejo, la tejonera, la huella nocturna del jabalí o del corzo en el cortafuegos. Y si los encuentra, ladra. A menudo le pierdo de vista, se aleja y cuando le llamo a voz en cuello no responde.

—¡*Coquer*, toma!

Silencio. Lo mismo que si le silbo. Pero sé que tanto en un caso como en otro, unos minutos después, aparecerá por donde menos espero. No se acercará, sin embargo. Simplemente se dejará ver, abrirá y cerrará sus ojitos pitañosos mirándome desde lejos como diciéndome: «Estoy aquí, ¿querías algo?» y volverá a perderse en la ladera. Caza solo. Una vez agarró a un zorro por el rabo y aunque era más grande que él le aguantó, fijando sus fuertes manos en el suelo, hasta que mi hijo Juan, su dueño, hizo acto de presencia. Él sabe que tiene esas facultades y no espera nada del humano que le acompaña. Parece como si advirtiera que yo ya voy tirando para viejo y poca utilidad puedo rendirle. Nunca me llama, como la *Fita*, a ladrido limpio. No es servil, no es adulón, comiendo es parco y escogido. Un huesecito, una tajadita, un poquito de arroz y se acabó; luego, a la cazuela del agua a sacudirla un poco con la lengua, a amagar más que a beber. Es perro de pocas exigencias, sensible, resistente y un tanto enigmático. Pero hay un momento en las paseatas estivales en que al *Coquer* le salen los colores, se avergüenza, a pesar de su independencia se siente empequeñecido. Esto ocurre cuando, al finalizar nuestro paseo, alcanzamos el cauce del río Moradillo, riachuelo de poca enjundia pero de aguas muy frías, y en la poza que precede al puente de Valdemoro, los dos grifones se detienen, mirándome, la lengua colgando, a la expectativa. El *Coquer*, que ya sabe lo que le espera, se aleja camino adelante, haciéndose el distraído. El *Grin* y la *Fita*, cuando me ven agacharme para coger un palo, tratan de impedirlo, de hacerse con él, gruñendo y manoteando. Ladran escandalosamente, pero el *Coquer* sigue adelante como quien no quiere la cosa y cuando le llamo a voces, imperativamente, regresa sobre sus pasos, me mira acobardado y observa a los otros dos que saltan tratando de coger el palo que yo muevo levantando el brazo. Él se niega a participar en el juego y cuando lanzo el palo a la poza y el *Grin*, sin vacilar un momento, se zambulle de panza en las frías aguas y la *Fita* le sigue, ladrando alegremente, les mira despectivo, como diciéndose «cosas de niños y de viejos chochos». Al cabo, el *Grin* sale del agua, generalmente con el palo atravesado en la boca, lo deja a mis pies, y sacude su cuerpo mojado con violencia. El *Coquer*, que lo ve venir, ya ha puesto unos metros por medio. Le molesta la ducha, odia al agua y una vez que los grifones se han cansado de extraer ramas del río y de bañarse, se me queda mirando, invitándome a proseguir el paseo, pero yo le señalo la poza en silencio, con insistencia. El *Coquer*, humilla los ojos y menea la cola truncada. Sabe que tiene que hacer algo para complacerme. Sabe de sobra que yo no le voy a empujar al agua pero que no me moveré del sitio hasta que se bañe. Entonces toma una decisión salomónica, la misma de todos los días, de todos los veranos. Avanza por el camino hasta los próximos sauces de la orilla, donde la curva del río apenas tiene diez centímetros de profundidad, se introduce en él con cuidado para no chapuzar y va avanzando hasta el borde de la poza donde el agua moja ya las guedejas más largas de su barriguita negra. En el confín se detiene, me mira inventando un brillo alegre para sus ojos y entonces yo hago el paripé y me finjo entusiasmado.

—¡Muy bien, perrito! ¡Qué bien se ha bañado el *Coquer*!

La tensión se ha relajado. Sale de nuevo meneando el rabo, se sacude lo poco que tiene que sacudir y recupera su alegría y su independencia, que ya no pierde hasta llegar a casa. Sus lanas sueltas, espesas, negras, contrastan con los pelos mojados, lacios, adheridos a la piel, del *Grin* y de la *Fita*.

Hacer alguna cosa mientras se anda refuerza sin duda la alegría del paseo de que hablé más arriba. Y si lo que se hace es conquistar algo aparentemente inabordable, antes que el hecho de caminar, nos gratifica el triunfo sobre el medio: tal, a vía de ejemplo, dominar una montaña. Ahora recuerdo con añoranza nuestros veranos de alpinistas en Molledo-Portolín, en el valle de Iguña, en Santander, durante la década de los cuarenta. Subir a los montes era nuestra obsesión. Supongo que de haber vivido en los altos, la fascinación la hubiese ejercido el valle, pero viviendo en éste, la atracción emanaba de los picos que lo circuían: Navajo, San Pedro, la Dehesa, el padre Jano, de casi 1.500 m de altitud, el más elevado. Estas cumbres, coronadas generalmente de bruma, renovaban la tentación cada vez que el cielo se despejaba y quedaban al descubierto. Y, en realidad, no importaba nada subir tres veces, o seis, o diez, a la cima del pico Jano cada verano. La montaña ofrecía tantos accesos, obstáculos tan diversos, según se afrontase la ascensión por una vertiente o por otra, que la excursión siempre resultaba compensadora. También estaba nuestra fuerza, la necesidad de quemar la energía sobrante de nuestros cuerpos jóvenes, el placer de someter a la montaña y contemplar el mundo desde nuevas perspectivas. Es incalculable el número de veces que en aquella década trepamos por las laderas de los picos más eminentes. Sí recuerdo que, en una ocasión, decidimos subir sucesivamente, en una misma jornada, a los picos San Pedro, Jano y la Dehesa, que se alzaban en un intrincado anfiteatro cuya hoz daba acceso a Castilla. Recuerdo que salimos de noche —éramos cuatro o cinco— y al llegar a Bárcena de Pie de Concha, en la falda del pico San Pedro, empezó a clarear. Tengo una vaga idea de que el pico San Pedro, más desnudo que el resto, ponía al alpinista más obstáculos minerales que vegetales, bloques de piedra por los que ascendíamos con resolución, sin temor a descrismarnos. Desde arriba se divisaba la negra sima de la hoz de Reinosa, el río Besaya como una línea espumeante abajo, y paralela a ella, la cinta gris de la carretera. Por aquel corte vertical descendimos como cabras, saltando de risco en risco, las rompientes del río multiplicadas por el eco, estimulándonos. Fue una aventura de una belleza inigualable. Hace tanto tiempo que no puedo precisar cómo vadeamos el río y subimos a la carretera, pero de nuevo nos hallábamos al pie de otro monstruo —el pico Jano—, una mole negra, inmensa, a la que por vez primera íbamos a atacar por su dorso, el acceso más largo y agreste. Abrigado de bosques densísimos y un sotobosque hostil, demoramos horas en abrirnos camino. A una escarpa, sucedía un breve rellano y a éste otra escarpa más empinada. El pico San Pedro, a nuestra espalda, nos facilitaba una idea de la altitud a que nos hallábamos, pero hasta las tres de la tarde no coronamos el monte. Una tenue calima envolvía el valle de Iguña, difuminaba los perfiles de las cosas, por otro lado perfectamente identificables. Tras una frugal comida, depositamos un papel con nuestros nombres en el buzón de montañeros. Por encima de Canales se cernían unas nubes negras, amenazadoras, pero después de diez horas de esfuerzo por nada del mundo hubiéramos renunciado a nuestro proyecto. Aún faltaba la Dehesa, menos encumbrado que pico Jano, pero desgraciadamente no había un puente tendido entre ambas cimas, sino que era preciso deshacer lo hecho, bajar hasta la base e iniciar el nuevo ascenso. Durante el trayecto, más asequible que los dos picos anteriores, las nubes de Canales nos fueron envolviendo y, al llegar a la cumbre, la niebla era tan densa que apenas nos divisábamos unos a otros. Poco después empezó a relampaguear. Eran relámpagos difusos, encadenados, que incendiaban la bruma. Por primera vez no estábamos bajo la tormenta sino dentro de ella, en su seno. Los truenos tableteaban a nuestros pies, como si todos los peñascos de los altos rodaran simultáneamente por un tobogán de madera. Cansados pero felices empezamos a sentir sobre nuestros cuerpos sudorosos los frescos goterones de la lluvia.

—¡Vamos, todos abajo!

Entre exhalaciones, entre los retumbos envolventes de los truenos, descendíamos corriendo en fila india, muy juntos, formando una cadena, como las pequeñas comadrejas de la camada para no extraviarse. Hicimos un alto en la cueva de Jumedre, ya en el camino, pero nuestras ropas húmedas refrigeradas por el vaho helado de la caverna nos hacían tiritar, entrechocar diente con diente. Salimos de nuevo a la intemperie y recorrimos el camino de regreso a la carrera, bajo la lluvia.

Hay pocas cosas tan gratificadoras para el hombre como enseñorearse de una montaña cuya mole observa cada día altiva y desafiante. Hacerlo con tres sucesivas, los tres picos más arrogantes del valle, nos produjo una sensación fruitiva de plenitud. Una montaña es un misterio, tres un mundo remoto y desconocido, pero el hecho de haber hollado sus crestas, de conocerlas, convirtió el valle, en un ámbito familiar, cotidiano y doméstico, algo que provocaba una sensación de abrigo antes que de distancia.

Mas las montañas del valle de Iguña, concretamente el pico Jano, nos jugó una mala pasada posiblemente el verano del cuarenta y tres. No participé de aquella expedición cuya novedad era descender por los tubos del embalse, los tubos de Alsa, que rompían la topografía en línea recta, hasta alcanzar las aguas del río Besaya. Pero otra vez la niebla, y la noche que se echó encima, aconsejó a la expedición desistir, buscar un abrigaño para esperar al nuevo día mientras un emisario —mi hermano José Ramón, arriscado y generoso— se descolgaba sin luz por el precipicio para dar aviso. Su llegada a casa, descalabrado y harapiento, sembró la alarma. Once personas se habían extraviado en las laderas de Jano. Se hablaba del frío y de los lobos como de enemigos feroces, casi invencibles. La voz corrió por el pueblo donde el pico Jano, señor del valle, todavía imponía respeto y, en tanto se organizaba una expedición de socorro, miembros de mi familia y de las familias Velarde y Díez del Corral, a las que pertenecían los extraviados, trataban de sonsacar a mi hermano José Ramón una información imposible: el lugar exacto en que se había separado del grupo. Todavía recuerdo a las chicas de los Velarde, hipando por los rincones y diciendo en tono confidencial a quien quisiera oírlas:

—Pues las nuestras tienen que aparecer. A su papá no le gusta que pasen la noche fuera de casa.

Una cuadrilla con faroles y linternas les buscó durante la noche y de madrugada aparecieron sanos y salvos en una profunda depresión, a la abrigada de un risco, no lejos de Jumedre.

Mi hermano Adolfo, el mayor, más dado a la vida social y a los automóviles que a las competiciones con los montes, observaba nuestros esfuerzos con un deje de conmiseración. No comprendía nuestros pechugones, que fuésemos capaces de perseguir una cima hasta la extenuación, llevar a cabo espontáneamente estas empresas agotadoras, a su juicio inútiles.

—Hombre, si un día tengo que salvarme de un incendio haré lo que sea necesario. Pero trepar a un monte de 2.000 metros de altura sólo por el gusto de hacerlo no lo comprendo, la verdad.

Por eso nos sorprendió una tarde que planeábamos una escalada a los Picones —una altura media en el centro del valle— su decisión de acompañarnos. Naturalmente éramos nosotros ahora quienes le considerábamos con un gesto de superioridad, por no decir de compasión, como el candidato más firme a farolillo rojo (carecía de experiencia, no había desarrollado los músculos adecuados, los bofes no le responderían). Pero ocurrió lo que solía suceder en la cuesta de Boecillo años atrás, cuando yo me vanagloriaba de ser el *Rey de la Montaña*, es decir, mi hermano Adolfo nos dejó arrancar a todo gas entre aulagas y helechos, como si fuéramos a perder el tren, mientras él abordaba la pendiente a paso más sosegado. El resultado fue que, mediada la escalada, los de vanguardia empezamos a flaquear, al tiempo que Adolfo, sin cambiar de ritmo, se pareaba con nosotros y, cuando apenas quedaba una rampa, la más pina, nos rebasaba para sacarnos enseguida cinco o seis metros de ventaja. Recuerdo que pensé: «Pone cara de que no le cuesta como yo con la bicicleta, pero va molido». Mas, interiormente, me asaltaba la duda y me sentía sin fuerzas para reducir los metros que nos distanciaban: «¿Y si es cierto que no le cuesta?». Desistí de perseguirle. Y mi hermano, a pesar de su deficiente preparación, de su absoluta falta de entrenamiento, coronó los Picones en primer lugar, y cuando llegamos los demás, despernados, jadeantes, los muslos tronzados, nos recibió sentado en una piedra, una pajita entre los labios, sonriendo burlonamente.

—Creí que no llegabais.

Estas lecciones de humildad cuando uno se considera en mejores condiciones físicas, más aventajado y más fuerte que el adversario, suelen encajarse mal. En lugar de regocijarnos de la disposición natural del otro, nos sentimos vejados, disminuidos. Pensamos que ha sido obra de la casualidad y si, por orgullo malentendido, pedimos una revancha, es posible que en lugar de cinco metros de ventaja, nos saquen diez. Mi hermano Adolfo ha sido a menudo el encargado de bajar nuestros pretenciosos humos de campeones. Creo que la anécdota de Cerecinos de Campos la he contado ya en otra ocasión pero no me parece ocioso repetirla. Fue en una cacería de la cuadrilla a la que Adolfo, mi hermano, de paso por Valladolid, tuvo la veleidad de incorporarse. Formalmente apenas había cazado. De vez en cuando, salía un rato a codornices, participaba de algún ganchito de perdiz pero sin periodicidad alguna, sin regularidad. No era desde luego nuestro caso, el caso de mi cuadrilla: cuatro hombres entregados devotamente a la caza, con veinticinco años de experiencia apasionada, convencidos de que lo sabíamos todo. Y sucedió que, reunidos a mediodía en un claro del monte para tomar el taco, una perdiz, procedente de sabe Dios dónde, sobrevoló a la cuadrilla a una altura disparatada. Yo la vi venir con absoluta indiferencia y comenté:

—Mira dónde va ésa.

Pero mi hermano Adolfo se armó en un instante y, en tanto Antonio Merino comentaba, «ni con un cañón», él la tomó los puntos y disparó. La perdiz se hizo un ovillo y se vino al suelo. Nuestra sorpresa fue de tal monta que nos quedamos sin habla: el advenedizo, el inexperto, el aprendiz nos había dado una lección cinegética a los versados; una lección que nunca olvidaríamos.

Pese a la carta del madrileño sedentario, yo he sido un gran propagandista del paseo. Cuando me reúno con alguien de confianza en lugar de invitarle a un café le propongo dar una vuelta. Tengo amigos jóvenes partidarios fervorosos del paseo. Y a los de más edad y menos fervorosos, los de la tertulia sabatina del Hotel Felipe IV por ejemplo, también les llegó mi fiebre proselitista y logré arrancarles por unos días de sus muelles butacones. Los pinares de Valladolid fueron testigos, durante varias mañanas dominicales, de cómo media docena de catedráticos cincuentones, recorrían deportivamente kilómetros y kilómetros hablando de sus cosas. Disfrutaban de la naturaleza y de la alegría de andar. Acababan de descubrir el placer del ejercicio físico sin objeto, es decir, sin objeto expreso, puesto que detrás de estas conversaciones itinerantes, cada cual iba buscando la fuente de la salud.

EL NADADOR
DEL MÍNIMO ESFUERZO

Aunque ha sido un ejercicio que practiqué desde niño y continúo practicándolo a los sesenta y ocho años, nadar nunca fue para mí un deporte competitivo. En los tórridos veranos españoles, cada vez que me sumergía en el agua no era para disputar una carrera, ni para hacer tantos largos de piscina, ni para perfeccionar mi estilo, sino solamente para refrescarme. Si lo traigo, pues, a colación es porque raro será el día soleado de verano desde 1926 a 1989 que haya pasado sobre mí sin bañarme en agua fría. Desde siempre hemos sido unos incondicionales del baño de placer. De ahí que la primera preocupación de los hermanos cada vez que cambiábamos de lugar de veraneo era buscar un río y el acceso adecuado para zambullirnos. En los puertos de mar, la playa nos daba esta cuestión resuelta, pero en los pueblos de la meseta donde pasamos los veranos desde 1930 hasta la guerra, el problema no era tan fácil. Así, recuerdo con cariño, como habituales lugares de baño, la Cascajera de la Tía Pedorra, en Boecillo; la confluencia del Duero y el Cega, en Viana; el Cabildo, en Valladolid; y el cadozo que seguía al puente de Olivares, en Quintanilla de

Abajo. Como ya anticipé, durante mis primeros años hasta que alcancé la independencia, mis baños estuvieron cronometrados por mi padre: un solo baño diario de diez minutos de duración. Después, cuando empecé a bañarme por mi cuenta, me desquité. Me metía en el agua tan pronto notaba en la piel las agujas del sol estival y permanecía dentro hasta que empezaban a castañetearme los dientes. Ése era mi cronómetro. Nunca fui un niño obeso, sino flaco, tampoco extremadamente, pero sí de esos a quienes con un poco de paciencia pueden contárseles las costillas. Mi fórmula, entonces, no consistía en permanecer en el agua tres cuartos de hora seguidos (me hubiera muerto), sino una hora dividida en cuatro cuartos, con intervalos para solearme y sacarme el frío de los huesos. Con los años, todavía joven, el bañador mojado me pasmaba el vientre, por lo que empecé a disponer de dos, quita y pon, y según me fui haciendo viejo, esta cifra se elevó a tres, a cuatro y hasta los cinco que tengo ahora. El secreto de este surtido no estriba en comprar muchos sino en no desechar ninguno a despecho de la moda y del qué dirán. El consumismo nunca me ha dominado y en estos asuntos de los taparrabos menos que en ningún otro. Eso sí, desde que dispuse de los pantalones a pares, me acompañé de un albornoz que me facilitaba el cambio de uno por otro sin necesidad de esconderme ni del engorro de tener que buscar una caseta de baño. Hacer resbalar el pantalón mojado hasta los tobillos y ascender el seco muslos arriba hasta cubrirme, sin abrir el albornoz, ha sido un arte que he dominado y en el que se combinan los movimientos de trasero y caderas con la destreza de manos y codos. De lo antedicho se puede colegir que para mí la natación ha sido algo distinto del fútbol, el ciclismo, la caza y la pesca, es decir, nunca una pasión dominante. Cuando leía el *As* o el *Campeón* saltaba las páginas referentes a este deporte como si no fuera conmigo. Desconocía a las grandes figuras y únicamente me detenía un momento ante fotografías de saltos de trampolín, la instantánea inmortalizando a Fulano o Mengano haciendo la *carpa* o el *ángel*. En estos saltos sí encontraba equilibrio y belleza pero no en la acción de nadar a *crawl*. Para valorar al buen nadador no disponía de una medida adecuada, *no entendía*. Me agradaba ver a la gente que se desenvolvía en el agua con soltura, sin chapuzar, sin la menor servidumbre a la técnica. Anteponía la seguridad a la euritmia. En una ocasión, siendo todavía niño, me llevaron a un concurso de natación, cuyos números fuertes eran el *crawl*, la mariposa, y la braza de espalda. Recuerdo que un amigo de mi hermano mayor me dijo:

—¿Te has fijado qué bien nada el número 3?

—Sí —respondí yo sin el menor convencimiento.

—¿Es que no te gusta como nada?

Yo moví la cabeza de un lado a otro y, al fin, confesé decepcionado:

—Es el que más salpica.

Hoy, en la puerta de la vejez, sigo pensando de manera parecida. Las pruebas de natación muestran una violencia de movimientos, una ansiedad respiratoria que me angustian un poco. Los brazos aflorando y sumergiéndose alternativamente (como si cavasen en el agua), los pies propinando puntapiés a la superficie, esa boca ladeada para capturar una bocanada de oxígeno, me producen ahogos. El *crawl* se me antoja un estilo de nadar distorsionado y convulso. Observando a un campeón evolucionando en la piscina, los legos, como yo, apenas percibimos otra cosa que una floración de espuma. Se diría el anuncio de un jabón o un detergente. Está exento de gracia, no hay equilibrio, no hay armonía de movimientos o, si los hay, los ocultan las salpicaduras. Entonces deduzco que lo que yo he admirado siempre en el nadador es el mínimo esfuerzo, la estabilidad: que uno se sostenga en el agua sin empeño, que dé una voltineta, que bucee, que vuelva a emerger, suave, dulcemente, como hacen los raqueros de Nápoles después de recoger la moneda que el turista les ha arrojado a las azules aguas de la bahía. En una palabra, para mí nadar bien equivalía a andar en el agua, a adaptarse a ella, a convertirla por la gracia del bañista en su medio natural. Yo era un gascón. Mi padre me lo había inculcado así y su *formación francesa* había decantado mi juicio al respecto. Algo del abuelo francés influía en la familia, puesto que no sólo mi padre nadaba así (una braza sucinta, fácil, sin sumergir la cabeza) sino que así lo hacíamos todos los hermanos y mis primos Federico y Julián, esto es, todos los Delibes. Nuestro ideal inexpresado, ahora me doy cuenta de ello, era el nadador-pez antes que el nadador-barca. Desdeñábamos el esfuerzo de los remos, que se notara el impulso. Para nosotros, el buen nadador era aquel que no sacaba del agua más que la cabeza, que no descomponía el rostro, que avanzaba sin mostrar cómo. De este modo, tan pronto la vida me separó de don Julio Alonso, el lobo de mar de Suances, empecé a pasarme al moro, a identificar belleza con seguridad.

Sin embargo, mi miopía, como la de mi mujer, no era tan acentuada como para no darnos cuenta de que tanto nosotros como nuestros hijos estábamos convirtiéndonos en nadadores trasnochados, algo tan anacrónico como si a mi esposa se le hubiese antojado de repente salir a la calle con miriñaque. Urgía cambiar de estilo. Había que aceptar la modernidad, las salpicaduras, la violencia muscular y olvidarnos del nadador-pez, tan sugestivo por otra parte. Era evidente, por poner un ejemplo, que en nuestro tiempo el planeo del azor era menos estimado que el vuelo espasmódico del vencejo. Planear, sostenerse en el aire sin aletear, carecía de mérito, no estaba de moda. El aleteo frenético del vencejo, el esfuerzo continuado, revelaba mejor la condición física del deportista. A esta conclusión llegamos mi mujer y yo tras profundas cavilaciones. Y con ese afán de todos los padres de poner a los hijos en órbita, de impedir que se queden rezagados en alguna faceta de la vida, mi mujer y yo sostuvimos un día una conversación trascendental:

—Eso de la braza parece que ya no está de moda.

—Y ¿qué importa la moda en esto? Lo importante es que los chicos se sostengan en el agua. Se sientan tan seguros dentro como fuera de ella.

—Ya. Pero, nos guste o no, la gente se fija mucho en el estilo. Laura me decía ayer viendo en el agua a los pequeños: «¡Qué graciosos! ¡Tus niños nadan como perritos!». Yo me sentí molesta, la verdad.

—¿Molesta porque tus hijos naden tan eficazmente como los perros?

—Pues sí. Entiéndeme, no es que me parezca mal, pero Chiqui, el niño de los Fernández, que aprendió el año pasado, nada ya como un tarzán. Da gusto verle. Los nuestros, a su lado, unos aprendices.

Por este camino fue entrando en casa la tentación del *crawl*. Las clases de natación aunque caras, iban imponiéndose en la ciudad. Digo caras para los padres cargados de hijos que en los años cincuenta éramos casi todos los españoles. Pero mi mujer, con esa dulzura femenina que tan admirablemente enmascara la testarudez, sugirió un día:

—Podíamos mandar a Miguel con ese Justito que da clases en la Samoa. El niño es inteligente y aprenderá enseguida. Y una vez que aprenda, él mismo enseñará a sus hermanos. Total, por doscientas pesetas que cuesta el cursillo, nos pondremos todos al día.

A la mañana siguiente, mi hijo Miguel se apuntaba en el cursillo de Justito, en la piscina Samoa. Los demás nos bañábamos donde podíamos y nadábamos como sabíamos. A la hora de comer, sin embargo, le asediábamos, reprimiendo nuestra impaciencia:

—¿Te ha dicho ya Justito cómo se meten los brazos?

—Todavía no.

—Y ¿te ha enseñado a respirar?

—Eso es lo último.

—¿Qué has aprendido, entonces?

—A mover los pies. Me ha dado una tabla y he estado todo el tiempo de la clase moviendo los pies. Dice que es lo más importante.

Mi hijo pasó una semana entera moviendo los pies. Se le notaba un poco aburrido de tanta monotonía pero afirmaba que, según Justito, los pies eran los propulsores, el motor del nadador. Pero cuando empezaba a soltarse se acabó el cursillo y nos fuimos todos de vacaciones. Yo no veía el momento de llevar a los niños al Duero, a la Cascajera de la tía Pedorra, para observar los progresos del mayor, pero el primer día que lo hice, le vi tan apurado, azotando el agua tan desatinadamente, boqueando con tal ansiedad, que me lancé al agua a rescatarlo.

—Pero ¿qué te pasa?

—Creí que te ahogabas.

—Tendría gracia que fuera a ahogarme a estas alturas.

Total, que mi hijo no sólo cambió de estilo sino también de vocabulario. Ya no comentaba: «El agua está helada» sino que empezaban a interesarle los movimientos de los pies y los largos de piscina. Pero sobre todo hizo hincapié en algo que era rigurosamente cierto: que bañándonos hoy

en un río, mañana en otro distinto y el tercero en el mar, sin la menor disciplina, era preferible seguir nadando como lo habíamos hecho siempre, anteponiendo la seguridad a la estética; que, salvo alguna prueba de resistencia, la natación atlética había que practicarla en la piscina y en una piscina de medidas reglamentarias. Su madre suspiró y dijo:

—Si lo siento es por lo tonta que se va a poner Laura.

En verdad, era el cambio constante de medio, el desvelar las trampas del agua, lo que infundía seguridad al nadador. Yo aprendí a nadar en el mar, pero al verano siguiente me estaba bañando en la Vega de Porras, en la confluencia del Cega con el Duero. Todavía no me desenvolvía en el agua con seguridad y yo mismo delimité el escenario de mis escarceos: un pozo de diez metros de largo por tres de profundidad que atravesaba braceando y, al extremo del cual, me ponía de pie para volver a salvarlo en sentido contrario y ponerme de pie otra vez. La cosa iba bien hasta que de tanto ir y volver me desorienté y, en una ocasión, al intentar incorporarme me hundí en el pozo como una piedra. Una estela de burbujitas acompañó mi inmersión. Pensé que me ahogaba, que demoraba más de un cuarto de hora en tocar fondo, mas cuando llegué a él, hice lo que procedía hacer: pegar una patada, aflorar de nuevo y nadar serenamente hacia la corriente del Cega donde sabía que las aguas eran someras. Estas pozas, la resaca, las corrientes marinas, las grandes olas, las hoyas fluviales, los árboles sumergidos, eran otros tantos obstáculos que el nadador debía aprender a sortear y nunca podría conseguirlo en las aguas quietas, cloradas y azules de una piscina. Escenarios naturales y cambiantes hacen un nadador, no de estilo pero sí eficaz. Y en este punto advierto que me adhería mentalmente a la filosofía de mi padre: No resultaba fácil conciliar la idea de natación con la idea de deporte. Su carácter atlético iba por otra parte. Nadar, para mí, era únicamente útil y placentero.

En la guerra, durante el año que pasé en el *Canarias*, cada vez que fondeábamos en Mallorca se nos autorizaba a bañarnos en la bahía, a una profundidad de centenares de metros. Aquel abismo líquido acobardaba a muchos que a pesar de saber nadar, no osaban hacerlo en un medio tan espeso. Yo, en cambio, me sentía feliz, me lanzaba al mar desde la borda y allí nadaba, o hacía la plancha, o hacía el muerto, o me daba voltinetas, hasta que notaba frío. Era uno de los pocos placeres que deparaba la bélica circunstancia. Y me sentía en el agua tan asentado y seguro como paseando por el Borne; y si algo lamentaba, era no tener mil metros de agua en lugar de quinientos por debajo de mí con objeto de que el mar impulsase mi cuerpo hacia afuera con mayor fuerza todavía. Los compañeros que nos contemplaban desde la borda, ignoraban que *el mar empuja hacia arriba* porque sus experiencias natatorias no habían pasado de las aguas someras de una piscina y el hecho de tener quinientos metros en lugar de tres bajo sus cuerpos les amedrentaba.

Ahora, transcurrida la mayor parte de mi vida, advierto que yo he utilizado el agua —la piscina, el río o el mar— y, en consecuencia, la natación, como un recurso fruitivo, un quitapenas, tras un esfuerzo físico de otro orden, es decir, como complemento. Lanzarse uno a la piscina en una anochecida canicular, después de haber estado cazando codornices durante cinco horas, o tras una partida de tenis o un paseo largo en bicicleta, comporta un placer que no puede compararse con nada. El gozo de una zambullida con el sudor agarrado aún a los poros del cuerpo es la más pura expresión de sibaritismo; una complacencia que raya en el deleite. Y una vez en el agua ¿qué? ¡Ah, nada! Se deja usted estar. Flota como el azor en el aire. Sería un error echarle más fuego al fuego, esto es añadirle ejercicio al ejercicio. Disfruta usted del regalo sensual de que el agua fría le acaricie, entone su carne macerada por el sol y el esfuerzo, abra sus poros. De vez en cuando dará unas brazadas para sentirse vivo, buceará para refrescar su tez requemada, se tumbará de espaldas para recrearse en el cielo abierto, todavía azul, en la bruma falleciente de la tarde. De entre los placeres humanos, este de sumergirse en agua fría cuando se trae el cuerpo ardiente y fatigado es uno de los más completos. Hablo de placer, al margen de las propiedades tonificantes del baño. En una palabra, nunca he concebido el agua como un medio donde ejercitarme, sino al revés: para desquitarme, para aliviar mi cuerpo de un duro ejercicio anterior. Por supuesto me libraré de decir que esto sea acertado (al nadador deportivo, al atleta, mi actitud le parecerá una aberración) pero sí que esto es lo que yo he sacado en limpio de la natación después de sesenta años de practicarla. Los que buscan algo más, una finalidad deportiva a sus movimientos, acuden en invierno a las piscinas climatizadas, a entrenarse. Yo nunca sentí esta tentación. Natación y estío son conceptos que han ido asociados en mi mente. A no ser, naturalmente, en casos de fuerza mayor.

Ahora recuerdo una anécdota muy oportuna para cerrar estas consideraciones: el ahogado de Suances. El bulto flotaba entre dos corrientes, en la desembocadura de la ría, y la gente chillaba, pedía socorro, pero nadie se lanzaba a por él. Yo iba con dos de mis hijos por la orilla del mar cuando oímos los gritos. La marea estaba baja y, detrás del malecón, la arena formaba una playa ocasional donde se bañaban un centenar de domingueros. Desde lo alto del dique vi el bulto inmóvil, balanceándose en las olas; me pareció hinchado, sin vida, y a pesar de mi edad provecta, salté los cuatro metros sin pensármelo dos veces, me descalcé pisándome los contrafuertes de los playeros, me despojé de la camisa y corrí hacia la orilla aflojándome los pantalones. Pero en el instante de quitármelos algo me frenó: ¡la faja! (una faja de lana, color crema, de cuatro metros de longitud, que entonces enrollaba alrededor de mi vientre cada vez que se pasmaba). Me dio vergüenza exhibirla, desenrollarla en público. De modo que me abroché de nuevo la pretina, incapaz de afrontar la rechifla general y, consciente de que no podía perder un instante, me lancé al agua con los pantalones y la faja puestos. Una vez allí, auxiliado por un atezado jayán y una muchacha pizpireta varamos al naúfrago en la arena. Inmediatamente surgieron los socorristas espontáneos: un cuarentón hercúleo se tumbó en la playa para que recostáramos a la víctima en sus espaldas, otro insuflaba aire en su boca y la aspiraba después, un tercero le oprimía las costillas y el esternón y, finalmente, un nutrido grupo de bañistas formaba un prieto corro en torno suyo quitándole el aire, decididos, al parecer, a terminar de ahogarle. El vientre, envuelto en la faja húmeda, me punzaba, y como viese que el accidentado iba recuperando el color y empezaba a dar muestras de vida, traté de escabullirme sin llamar la atención de nadie, pero una mujer gruesa, con una bata de percal, que se dio cuenta de mi fuga, me salió al paso.

—Vamos, pero ¿no ha sido usted el que lo ha sacado? —rompió a reír—. ¡Ande que al demonio se le ocurre meterse en el agua con los pantalones puestos!

Fruncí los hombros.

—Ya ve usted, me daba apuro quedarme en calzoncillos.

—Y ¿cree usted que alguien iba a fijarse? ¡Cosa más natural! Al fin y al cabo, usted iba a salvar a uno y no como esas marranas que se tumban al sol tan tranquilas enseñándolo todo, sólo porque sí.

Cuando llegué a casa, mi vientre estaba tenso como un tambor y aunque me metí en la cama y me puse encima dos edredones tardó varios días en reaccionar.

UN CAZADOR QUE ESCRIBE

Ir de caza, salir a cazar, fue mi primera actividad deportiva, anterior incluso a la bicicleta, contemporánea tal vez de la natación y del fútbol como espectáculo. Esta precocidad venatoria llegó a crearme una segunda naturaleza y Santiago Rodríguez Santerbás me definió, con los años, como un cazador que escribe. En efecto, si echo la vista atrás y mi mirada se pierde en el tiempo, me veo, junto a mi padre, en el viejo Cafetín, la erguida silueta de mi hermano Adolfo, hecho un hombrecito, al volante, camino de La Mudarra. En esta época, como se ha visto, yo ejercía solamente de acompañante o, a lo sumo, de morralero. Pero, en fuerza de asistir a los preparativos y a las expediciones cinegéticas de mi padre, llegué a creer que todos los padres, de todos los pueblos, de todos los países del mundo hacían lo mismo: o sea, que no había otra manera de distraer los ocios dominicales que cazando conejos en el monte. Mi afición a la escopeta, antes que una elección, fue, pues, la asunción de un viejo hábito familiar. Más tarde, cuando me quise dar cuenta de que en la vida cabían otras diversiones, ya no hubiese soltado la escopeta por nada del mundo; la caza me había cazado.

Empero, mi agresividad ante la pieza que nos burla con su carrera o su vuelo, se manifestó antes de poder disponer de una escopeta; esto es, fui cazador antes que escopetero. Ya desde niño buscaba un proyectil. Primero fueron las piedras. Desde temprana edad fui un hábil lanzador de piedras; un certero apedreador. Cuando yo era chico estaban muy en boga las pedreas y las diferencias entre pandillas rivales se dirimían a menudo a cantazo limpio. De ahí que el que no lograra ser un diestro apedreador enseguida era relegado por incompetente. Yo me ejercité desde la primera infancia y a los ocho años ya era capaz de lanzar un guijarro a cincuenta o sesenta metros de distancia. Lógicamente no cualquier guijarro; había que tener en cuenta su configuración, su tamaño y su peso. Pero el simple hecho de la elección de piedras ya acreditaba al apedreador nato. Tras la fuerza del lanzamiento, venía la puntería, el ejercicio de puntería: atinar primero a un árbol grueso, después a un poste de la luz y, por último, a una jarrilla de la conducción eléctrica. Una vez aprobado, el apedreador era en mi tiempo un tipo a tener en cuenta. Pero para doctorarse era necesario derribar un pájaro de un cantazo. Esta prueba era inexcusable. Y yo me doctoré, lo recuerdo perfectamente, en 1930 abatiendo una inocente golondrina que picoteaba unos cagajones en el Paseo de Zorrilla, frente a la Academia de Caballería de Valladolid. La hazaña me produjo crueles remordimientos. La golondrina, como la cigüeña, era considerada entonces un ave sagrada. De las golondrinas se decía que quitaron las espinas a Nuestro Señor, en la Cruz, y había que respetarlas. Eliminar al pobre animal de una pedrada constituyó para mí, un niño muy religioso, una pesadilla que se repitió noche tras noche durante largos meses. Ladislao García Amo, sin embargo, un formidable apedreador asturiano que era vecino mío y compañero de colegio, elogió sin reservas mi puntería. Las lisonjas de Ladis atenuaron los reproches de mi conciencia y así conseguí conservar en aquella época el equilibrio síquico. Ladislao García Amo había pasado ya a la segunda fase del aprendizaje: el tiragomas. Pero el tirador de Ladis no era un tirador corriente puesto que en lugar de una horquilla de metal o madera, disponía de una tablilla lisa donde se clavaban las gomas con puntas de tapicero. Y Ladis, cada vez que se armaba para disparar, colocaba el pulgar muy alto, casi en el extremo superior de la tablilla, y la badana con el proyectil, pegada al ojo, de forma que yo, cada vez que lanzaba una piedra, temía que se reventase la yema del pulgar izquierdo o su ojo derecho saliera volando detrás de aquélla. Sin embargo, Ladis disparaba una piedra tras otra y nunca tuvo un accidente. Es más, como el tirabeque de tablilla hacía una puntería muy fina, casi tan certera como un rifle con visor, cazaba gorriones en cantidad. Yo, en aquel tiempo, ejercía de morralero con mi padre, aún no cazaba, es decir, únicamente había cobrado la golondrina de la Academia, y escuchaba las historias cinegéticas de Ladis, con auténtica avidez. Ladis era un elocuente narrador de historias y me describía su pueblo asturiano, con plásticas pinceladas (los prados, las vacas, los hórreos, las camberas) y como sus grandes cacerías se producían en vacaciones de Navidad, la nieve solía jugar un papel primordial en sus relatos. Lógicamente yo aguardaba el regreso de Ladis en el mes de enero con verdadera expectación.

—¿Cazaste este año muchos pájaros, Ladis?

Ladis hacía memoria, fruncía la frente.

—Mira, estas vacaciones, de Nochebuena a Reyes, he cazado cuatro tordas, seis alondras y diecisiete gorriones. Y no cuento un arrendajo que desplumé porque no llegué a cobrarlo.

Yo admiraba a Ladis. Era mi admiración más ferviente en aquellos años. Y envidiaba la topografía asturiana que me describía, y su pueblo, y la fauna de su pueblo, porque brindaban mayores oportunidades cinegéticas que mi ciudad. Esto era tan cierto, que mientras Ladis contaba sus víctimas por docenas yo apenas podía hacerlo por unidades. Y así siguieron las cosas hasta que mi hermano Adolfo y yo empezamos a ir los veranos a casa de los Igea, en Boecillo, una familia amiga de la nuestra. Allí, en el jardín, en las acacias de los paseos, se lograban perchas sustanciosas a poca costa. Felixín Igea se unió con entusiasmo a mis recechos y entre los dos, aprovechando las nidadas nuevas, lográbamos magníficos botines, de forma que ante Ladis mi actitud ya no era solamente contemplativa. Yo ya tenía lances que contar y, a veces, tan importantes como para taparle la boca. No obstante, Felixín Igea, que contaba dos años más que yo y estaba ilusionado con la idea de hacerse hombre, me dijo confidencialmente una tarde debajo de una acacia:

—Esto del tiragomas es un entretenimiento de críos. Cualquier día voy a dejarlo.

Lo decía como si aspirara a quitarse del tabaco, o corregirse de un hábito vergonzoso. Me dejó de un aire, la verdad. Yo estimaba que la mayor prueba de madurez que podía dar un muchacho era su habilidad con el tirabeque. Llevarlo en el bolsillo ya imprimía cierta prestancia. Y, sin embargo, a él le parecía una chiquillada. Para Felixín Igea, el tirador (aunque no lo hubiese dicho tan claro) era denigrante y cazar con él una puerilidad. Y aunque siguió bajando unos días al jardín, yo no podía dominar la melancolía porque pensaba que no lo hacía por gusto sino por complacerme. Mas cuando lo dejó del todo y yo me quedé solo, Ladis no volvió a vejarme con sus hazañas, porque los

Reyes me trajeron una escopeta de perdigón de aire comprimido con la que hacía mejor puntería que con el tirachinas.

Con aquella carabina, de culata tostada y tubo niquelado, disparé millares de perdigones. A calzón quieto, en distancias cortas, resultaba un arma mortífera. Pero, a la manera de los grandes campeones, yo me iba proponiendo objetivos cada vez más difíciles y empecé a tirar a pájaros al vuelo. Naturalmente derribar un pájaro volando con un solo perdigón era una hazaña. Empero, el año que veraneamos en Quintanilla de Abajo, salvo salidas esporádicas a bañarnos o a la confitería, puede decirse que me lo pasé apostado en un balcón de la trasera de casa, disparando balines sobre los vencejos que acudían en bandadas chillonas, endiabladamente raudos, a esconderse en los aleros del tejado, donde seguramente tenían sus nidos o sus refugios. A un blanco tan veloz, de vuelo caprichoso e irregular, que además entraba de pico, difícilmente podía yo tomarle los puntos, por lo que solía disparar al buen tuntún sobre el tropel que se abalanzaba chirriando contra el balcón donde yo aguardaba. Así disparé más de mil perdigones, dos cajas para ser exactos, y, en agosto, mediado el mes y mediada la tercera caja, un plomo de fortuna acertó a uno de los vencejos que cayó aliquebrado sobre un cobertizo (una cuadra o una panera) que se alzaba en el corral, bajo mi balcón. El pobre animal, herido de muerte, se desangraba sobre las tejas ardientes, y reconozco que sentí un movimiento de piedad, un doloroso escrúpulo ante la muerte inútil que estúpidamente acababa de administrar. Pero mi vanidad cinegética prevaleció sobre mis sentimientos humanitarios, busqué a mi padre y le señalé orgulloso a mi víctima sobre el tejado. Mi padre, hombre de paz, vaciló entre regañarme por aquel cruel estropicio o ensalzar mi puntería. Finalmente optó por esto último:

—¿Con un solo perdigón has derribado un vencejo al vuelo?

Asentí, silenciando que había disparado más de mil perdigones y que llevaba cerca de mes y medio apostado en aquel balcón.

—Entonces, ¿puedes decirme qué vas a hacer el día que tengas cinco años más y salgas al campo con una escopeta grande como la de tu padre?

Encogí modestamente los hombros pero seguí ocultando que se trataba de una chiripa, es decir, que con los ojos cerrados, guiándome sólo por los chirridos de los pájaros, podría haber hecho lo mismo. Ésta fue, pues, la primera sangre inocente que vertí en mis balbuceos cinegéticos y no la pajarota de La Mudarra de que hablé más arriba y que, sin ninguna duda, fue posterior. Y hablo de sangre, puesto que los pájaros que derribaba a cantazos, morían de manera incruenta, conmocionados por el golpe. A Ladislao García Amo, le dejó patidifuso cuando le informé al regreso de vacaciones:

—He cazado un vencejo al vuelo con la escopeta de aire comprimido.

Aquella confesión fue el final de nuestras pláticas, del habitual intercambio de baladronadas cinegéticas. Ladis no podía competir con la carabina de aire comprimido.

Poco a poco fuimos haciéndonos mayores y a los doce años ya cazaba yo avefrías desde el coche, tordos y alguna que otra codorniz con una escopetilla de pólvora de doce milímetros. A los catorce, mi padre puso en mis manos una del dieciséis, de tubos paralelos, con la que abatí mis primeras perdices. Pero cuando la cosa de la caza empezaba a formalizarse estalló la guerra civil. Fue una paradoja sarcástica puesto que, con este motivo, se decretó la prohibición de cazar animales en tanto durase la caza de hombres.

En consecuencia, cazar, cazar, no había llegado a hacerlo a los dieciocho años, cuando la guerra concluyó. Y continué sin hacerlo en los años que siguieron por dificultades de transporte. De vez en cuando, subía en bicicleta a la granja de la Diputación, dirigida por Antonio Bermejo Zuazúa, donde se criaba un bandito de perdices apañado y alguna liebre. Si conseguía algo, eran morrales exiguos, de una pieza, dos a lo sumo. Con tan precaria dedicación no era fácil llegar a coger el tranquillo a la perdiz. Recuerdo que en estos prolegómenos, cazando en la finca de la Diputación, a tres kilómetros de Valladolid, derribé una vez una patirroja que fue a caer en el patio del manicomio. Renunciar a una pieza siempre me ha dolido (dejar caza muerta en el campo me parece mayor pecado que matarla) pero en aquellos difíciles comienzos en que bajaba una perdiz cada tres meses, hubiera arriesgado la vida por cobrarla. Así es que lo intenté. Tras denodados esfuerzos logré encaramarme en la tapia del manicomio, erizada de cristales, pero advertí, con la consiguiente desazón, que del otro lado, la maleza cubría el patio hasta los últimos rincones. El lugar donde yo calculaba que había caído la perdiz era un hirsuto pajonal, lleno de cardos, y andaba estudiando la manera de descender (con posibilidad de retorno) para buscarla, cuando apareció por una puerta un muchacho joven que se acercó a la tapia donde me hallaba, se me quedó mirando con ojos hueros y, al verme en una posición tan ambigua, me preguntó cuerdamente:

—¡Eh, tú! ¿Eres de dentro o de fuera?

Yo debería haberle respondido que era de *fuera*, pero merecía estar *dentro*, pero en éstas irrumpió un loquero irritado, dando voces, primero a mi interlocutor, que huyó dando saltos entre los cardos y luego a mí, acusándome de estar alborotando a los internos. De improviso se agachó a coger una piedra y, ante el temor de que me descalabrara, me descolgué por donde había subido, dado a todos los diablos. Los años (casi cincuenta) han transcurrido, y a pesar de las perdices perdidas desde entonces, aquella del corral del manicomio no se me ha borrado de la memoria. Es más, cada vez que la recuerdo me reconcomo porque estimo que no agoté entonces todos los recursos a mi alcance para cobrarla.

Días después, vi a mi padre matar la última perdiz de su vida, revolada por mí, en el extremo opuesto de esa misma ladera. Tendría ya setenta y cinco años o quizá más y se comportó con una sangre fría admirable. La vio venir, repinada, ganando altura, ajeando, pero él, viejo zorro, no se atragantó de perdiz, la dejó doblar un poco para orillarle y entonces se encaró la escopeta, adelantó levemente los caños y disparó. La patirroja se vino abajo como un trapo con gran contento y admiración por mi parte.

—¡Muy bien! —le grité desde lejos. Pero fue él quien se quitó el sombrero de mezclilla, saludando, en homenaje al pájaro muerto.

Total que, entre unas cosas y otras, yo no pude cazar con regularidad hasta que José Antonio Giménez-Arnau, escritor también y entonces alto funcionario del Ministerio de Comercio, me concedió licencia para importar un Volkswagen en 1954. Hizo otro tanto con Josep Vergés, el editor, y otros compañeros y entre nosotros llamábamos a aquellos coches «los Arnau» en agradecimiento a su gesto.

Antes de disponer del Volkswagen, cada año hacíamos dos excursiones inevitables, una al Montico, de los hermanos Monturus, en Puente Duero, a unos kilómetros de Valladolid, y a la Granja de Sardón, de la familia Alonso Lasheras, la otra, un goloso cazadero de perdiz y liebre. En el Montico se me dio la oportunidad de ensayar por vez pri

98

mera el tiro a tenazón, al conejo, pero no pude llegar a hacerme un virtuoso porque en aquellos días el doctor Delille arruinó la especie inoculándole la mixomatosis. A Sardón nos desplazábamos en un tren mixto, el perro oculto bajo el asiento, y desde la estación al cazadero —una tirada— nos íbamos dando un paseo. La finca de Sardón en los años cuarenta-cincuenta era una perita en dulce. Laderas abrigadas, con mogotes y pedrizas en la base y profundas escorrentías donde la patirroja obligada aguardaba incautamente a las escopetas. Volvíamos de Sardón con buen acopio de piezas, pero había que hacer tiempo en la estación, charlando o jugando al julepe con el jefe, porque el mixto de regreso no pasaba por allí hasta cerca de las nueve de la noche.

El Volkswagen llegó casi al mismo tiempo que mi hermano Manolo de Mallorca para hacerse cargo del taller familiar, con lo que en adelante dispusimos de dos automóviles para nuestras excursiones: el Chevrolet, de la Agencia, para cazatas de cercanías, y el Arnau para desplazamientos largos. El Chevrolet, modelo del 35 (color gris-verdoso, mate, capota negra, caja cuadrada), era un superviviente de la guerra con más de 300.000 kilómetros en el chasis. Al poner el motor en marcha, la carrocería temblaba como el esqueleto de un viejo rocín y amenazaba con dejar en el suelo aletas y guardabarros. Pero todavía andaba. Los cazaderos próximos (Renedo de Esgueva, Villafuerte, Villanueva de Duero, Tordesillas, Quintanilla de Abajo, La Santa Espina) los visitábamos con él, mientras el Volkswagen lo reservábamos para otros más distantes (Belver de los Montes, Villa Esther o Riego del Camino). Citar estos cazaderos es evocar la juventud. Y evocar la juventud es recordar una manera de cazar sufrida, dura, austera que, con los años, se fue reblandeciendo sin darnos cuenta.

En aquellos años, el despertador trinaba a las seis de la mañana y a las siete ya estábamos en misa, en la iglesia de Santiago y, a renglón seguido, en la churrería La Madrileña, en los soportales de Cebadería, decidiendo libremente el lugar de la cazata. Aún regía la sugestiva fórmula de hombre libre sobre tierra libre y la caza era todavía un deporte administrado. Los cotos apenas existían y para derribar en lo libre diez o doce perdices y un par de liebres, una cuadrilla no necesitaba recomendación. En suma, la carne, al precio del mercado, daba para amortizar los gastos de la expedición (combustible, comida, cartuchería) y, si uno era un poco amarreta, todavía coleaba un modesto beneficio. En aquella época, comíamos de fiambrera, en el campo, al abrigaño de un carrasco o un talud, haciendo un brevísimo alto en la cacería. Después reanudábamos la mano con renovado entusiasmo y no dejábamos de batir monte hasta que caía la noche. Eran jornadas de 25 o 30 kilómetros, caminatas sobre surcos, baldíos y cascajares, sumamente sacrificadas. El centro de gravitación de nuestra actividad cinegética fue siempre la perdiz roja. Ella era la que provocaba nuestro apasionamiento, la que nos desazonaba y nos impedía dormir las noches de los sábados. La perdiz roja presidía nuestras vidas en aquellos años. No sólo las cazábamos sino que vigilábamos de cerca su apareamiento, su cría, las divagaciones de los bandos, los pollos ya igualones. La perdiz roja se erigía en protagonista de nuestras conversaciones cuando, llegada la veda, salíamos los sábados con nuestras esposas a cenar a Suazo. Y hablábamos de ellas (de las perdices) con tan atormentado amor, con tal admiración, con tamaño entusiasmo («provocativas», «bonitas», «magníficas», «desafiantes», «como para colgarlo todo por ellas», eran nuestros calificativos más usuales), que en cierta ocasión, la mujer de un amigo se encaró con él, con un brillo de irritación en la mirada.

—¿Puede saberse de quién estás hablando, Manolo?

—De las perdices, claro.

—¿Seguro que hablabas de las perdices?

—Pero bueno ¿qué pasa? ¿Por qué te pones así?

No era fácil convencerlas pero la patirroja constituía la obsesión de la cuadrilla, era el ave de nuestros pensamientos. El resto de las piezas (conejo, liebre, paloma, becada) caían como complemento, cuando arrancaban al ir a buscar aquélla. Al margen de la temporada de perdiz, estaban la de codorniz, patos y avutarda para abrir o cerrar boca. Pero nunca asistimos a una montería, a una batida de caza mayor. De higos a brevas, alguno de mis hijos marchaba a Sedano, al jabalí, pero de ahí no pasaba. Yo, ni eso, siempre he sentido una repugnancia instintiva a apagar los ojos humanizados de un corzo o un ciervo, pero creo que esta aversión, experimentada con más o menos intensidad, era común a todos los miembros del grupo. Y, por otro lado, también nos desagradaba la percha debida al esfuerzo ajeno, esto es el ojeo. Nos placía correr monte y responsabilizarnos de nuestra propia suerte. En una palabra, la perdiz, y su caza en mano galana, era lo que daba sentido a nuestra filosofía venatoria; o lo que es lo mismo, la abnegación: crueles madrugones, taco a la intemperie, regreso nocturno, desafío a los meteoros. En aquellos tiempos apenas mirábamos al cielo la noche del sábado. El domingo había que ir de caza y se iba. El rito se cumplía aunque cayesen chuzos de punta. A la pluma me viene un testigo que puede confirmar cuanto digo: mi amigo y tocayo Miguel Fernández-Braso, que nos acompañó un día con objeto de hacernos un reportaje cazando para no sé qué revista. Nos fuimos con él a Villanueva de Duero y en todo el día no dejó de diluviar. Creo recordar que la *Dina*, la perrita, que acababa de parir, mordió una mano de nuestro invitado al intentar éste acariciar a los cachorros (bien pensado, puede que el del mordisco fuese Eliseo Bayo, que también nos acompañó a Villanueva alguna vez en aquellos años) y, ya en el campo, el aguacero le puso como chupa de dómine y de retirada, por si algo faltara, se cayó una costalada en un ribazo y se rebozó de arcilla hasta las orejas.

Días como éste, o con escarcha, o con hielo o con nieve, eran frecuentes pero no nos hacían mella. Cazábamos con el mismo entusiasmo que bajo el sol y apurábamos la jornada como si fuera a ser la última. Si llovía, ya escamparía, nada fundamental se iba a quebrar por eso. Sin embargo, en ocasiones, sí se quebró algo importante. En los glaciales días de enero del 71, me fracturé una pierna cuando iba tras las perdices al resbalar en un charco de hielo. Las temperaturas eran de 18° bajo cero y en la ciudad no habían salido a la calle ni los autobuses. Tras el chasquido del hueso y el dolor intenso, me quedé inmóvil, voceando, apenas acompañado por los lametones del perro. Mi hermano tuvo que meter el coche por el arenal endurecido para recogerme. De regreso, con la pata rota, por la carretera de las Arcas Reales, vimos a lo lejos un bulto oscuro luchando contra la nevisca.

—Te apuesto doble contra sencillo a que es Fernando Altés.

Mi hermano se echó a reír.

—Y ¿por qué razón tiene que ser Fernando Altés?

Altés era el gerente del periódico.

—Porque, fuera de nosotros, es el único loco capaz de salir al campo con este tiempo.

En efecto, era Fernando Altés, dando su paseo dominical, con el grueso tabardo de campesino.

—¿Qué, no cazáis hoy? —Le sorprendía vernos regresar tan temprano.

—Miguel se ha tronzado una pata.

Rompió a reír.

—Pues no tiene cara de tener una pierna rota.

Pero sí estaba rota y la broma me costó tres meses de inmovilidad y otros tres de recuperación. Mis paseos, mi bicicleta, mi tenis, mis cazas, mis pescas, mi vida al aire libre en suma, sufrió una dolorosa interrupción. Entonces metí en casa el televisor, me quedé magro como un galgo y se me descompuso el estómago. Todo un repertorio de calamidades.

—Al perro flaco todo son pulgas, ya se sabe.

¿Fue la fractura de mi peroné lo que marcó el inicio de nuestra caída en la molicie? ¿O ésta fue posterior? ¿Cuándo empezamos a enmollecernos? Hoy día, cumplidos los sesenta y ocho, parece natural que hayamos amansado el trote, pero, ¿en qué momento tiramos de la brida? ¿A qué edad se relajaron las condiciones de caza de la cuadrilla? No es fácil precisarlo, establecer fechas. Seguramente en todo esto influyó la disminución de la caza tanto como el envejecimiento de algunos miembros del grupo. Por de pronto, yo era consciente, desde hacía años, de que vivía los postreros momentos de una pasión, de que la caza silvestre se acababa, y no sólo para mí, en los adustos campos de Castilla la Vieja. Por otro lado se produjo el aumento del nivel de vida y con él una cierta propensión a probar de todo. Los cazadores proliferaron. El español quería hacer más cosas de las que hacía pero hacerlas cómodamente, con ayuda de la técnica, ahorrándose esfuerzos y dilaciones. Así, al tiempo que se multiplicaba el furtivo motorizado, la figura del cazador-cazador iba desapareciendo de nuestros campos. La dureza de nuestras cacerías de los cincuenta, sesenta y setenta había pasado a la historia. Todo se hacía ahora más descansado, más confortable, más regaladamente. El enconado duelo con la patirroja no era tan enconado; apenas si era duelo. El despertador ya no trinaba a las seis de la mañana; tampoco se comía a la intemperie sino caliente y a manteles puestos; el cazador dejó de desafiar a los elementos y, si llovía, se quedaba en casa; tampoco apuraba la jornada y a las cinco ya andaba de regreso escuchando el carrusel deportivo por la radio del automóvil. En una palabra, el esforzado cazador de ayer se ablandaba, se aburguesaba, se enmollecía.

—Pero usted sigue en la brecha, ¿no es cierto?

Natural, mire usted. El que tuvo, retuvo. La claudicación, el retiro de todas aquellas actividades que hemos amado con pasión, es una muerte pequeña. Por otra parte, soy enemigo de adioses, de soluciones drásticas, de medidas definitivas. ¿Por qué no ir desprendiéndonos de las cosas que amamos gradualmente, poquito a poco? La melancolía de la renuncia es provocada a veces por las rígidas imposiciones cuarteleras: deje usted de beber, deje usted de fumar, deje usted de cazar... ¿Por qué no beber moderadamente en las comidas, fumar cuatro o cinco cigarrillos diarios, cazar media jornada? La media ración, he ahí una solución a pelo. La media ración es, por otra parte, la única forma, aunque mitigada, de que uno a los sesenta y ocho años pueda seguir bebiendo, fumando y cazando. A veces, me encuentro en el campo con algún conocido que, al verme, me dice con su mejor voluntad:

—¿Qué, don Miguel, a hacer piernas?

—Mire usted, eso es mucho pedir. A mi edad, me conformo con conservarlas.

Una vez que uno inicia en la vida la cuesta abajo, el problema es ése: conservar. Conservar útiles piernas, arterias, bofes y corazón. Que la artrosis o el infarto no nos doblequen. Ejercitarnos con moderación: pasear un par de horas diarias, cazar las mañanas de los domingos, pedalear 15 o 20 kilómetros, jugar una partidita de tenis un par de veces por semana... En una palabra, seguir en activo aunque con mesura. A mi juicio, ésta es la receta pertinente para sesentones reacios a enrolarse en una existencia sedentaria, resueltos a no dimitir de una maravillosa vida al aire libre.